W0021564

Das Vorlesebuch für kleine starke Mädchen

Das Vorlesebuch
für kleine starke Mädchen

Mit Bildern von Kirsten Höcker

Planet Girl

Haag, Sarah (Hrsg.):
Das Vorlesebuch für kleine starke Mädchen
ISBN 978 3 522 50158 3

Gesamtausstattung: Kirsten Höcker
Einbandtypografie: Michael Kimmerle
Schrift: Meridien, Countryhouse
Satz: KCS GmbH, Buchholz/Hamburg
Reproduktion: Photolitho AG, Gossau/Zürich
Druck und Bindung: Himmer AG, Augsburg
© 2010 by Planet Girl
(Thienemann Verlag GmbH), Stuttgart/Wien
Printed in Germany. Alle Rechte vorbehalten.
9 8 7 6 5º   13 14 15 16

www.planet-girl-verlag.de

Inhaltsübersicht

Nee! sagte die Fee

von Kirsten Boie

Es war einmal vor langer, langer Zeit, bestimmt vor deinem letzten Geburtstag, da lebte in dem großen Wald, der gleich hinter der Autobahn liegt und gar nicht weit von der Stadt, eine Fee; die hatte schon viele Feenkinder großgezogen, aber noch keins war so halsstarrig gewesen wie die Kleine Fee.

»Nee!«, sagte die Kleine Fee, wenn Mama Fee ihr morgens einen kleinen Kuss auf die Stirn gab, um sie zu wecken, und »Nee!«, sagte die Kleine Fee, wenn sie ihre Hände waschen und ihre Haare kämmen sollte. »Nee!«, sagte die Kleine Fee, wenn Mama Fee ihr die Schüssel mit dem Müsli und den Becher mit Milch auf den Tisch stellte; und ihre Zähne putzen wollte sie auch nie, stell dir mal vor.

»Aber die Flügel werden geputzt, Kleine Fee!«, sagte Mama Fee streng und kam schon mit dem weichen Flügelputzer. »Sonst kannst du eines Tages nicht mehr fliegen!«

»Nee!«, schrie die Kleine Fee und jetzt stampfte sie sogar mit dem Fuß auf.

»Kleine Fee, Kleine Fee, man sollte wirklich nicht glauben, dass du eine Gute Fee werden willst!«, sagte Mama Fee, und du kannst dir schon denken, was die Kleine Fee darauf antwortete.

»Und dein Zauberstab?«, fragte Mama Fee. »Willst du den nicht wenigstens putzen? Was ist, wenn du eines Tages nicht mehr zaubern kannst?«

Aber »Nee!«, schrie die Kleine Fee und sie merkte, dass sie heute wirklich sehr, sehr schlechte Laune hatte. Da schnappte sie Mama Fee den Zauberstab aus der Hand und vielleicht streckte sie ihr sogar ein winziges bisschen die Zunge heraus.

»Kleine Fee, Kleine Fee, jetzt ist aber langsam genug«, sagte Mama Fee und sie konnte sehr streng klingen, wenn sie wollte. »Jetzt werden Flügel und Zauberstab geputzt und die Füße gewaschen, denn wer hat je von einer Fee mit schmutzigen Füßen gehört?«

»Dann will ich Schuhe!«, schrie die Kleine Fee, und das war wenigstens schon etwas anderes als ihr ewiges »Nee!«; aber Schuhe konnte sie nun mal nicht kriegen.

»Du bist eine Fee, Kleine Fee«, sagte Mama Fee. »Und Feen gehen barfuß. So ist das nun mal.«

»Bei mir nicht«, sagte die Kleine Fee trotzig und hob schon ihren Zauberstab, um sich Schuhe zu zaubern. Da war der Fußdreck schon nicht mehr zu sehen.

»O doch!«, sagte Mama Fee und schwups! hatte sie die Schuhe wieder weggezaubert, und das machte die Kleine Fee so böse, dass sie mit dem Zauberstab wild auf den Tisch schlug, bis Milch und Müsli aus der Schüssel schwappten.

»Ich will aber! Ich will! Ich will!«, schrie die Kleine Fee, und das konnte sie gut.

»Kleine Fee, Kleine Fee«, sagte Mama Fee, »es gibt nun mal Sachen, die kann man sich wünschen, sosehr man will, man kriegt sie doch nicht.«

»Ich doch!«, sagte die Kleine Fee böse und schwups! hatte sie wieder Schuhe an den Füßen. Und du weißt natürlich schon, was nun passierte.

»Ich glaube, du passt besser mal ein bisschen auf, Kleine Fee«, sagte Mama Fee und schwups! waren die Schuhe wieder verschwunden. »Sonst wirst du noch eine Böse Fee.«

»Macht mir doch nix«, sagte die Kleine Fee und dann hatte sie den ersten fröhlichen Gedanken des Tages. »Wenn Böse Feen nicht Füße waschen müssen, macht mir das gar nichts«, und sie schwang ihren Zauberstab und ssst! flatterte sie schon mit ihren ungeputzten Flügeln in die Luft und zwischen den Bäumen durch bis fast an die Wolken.

Wenn Böse Feen keine Flügel putzen und keine Milch trinken

und keine Füße waschen mussten, hatte sie wirklich ganz unbedingt vor, eine Böse Fee zu werden.

Von oben sah der Wald ruhig und friedlich und heimelig aus, und die Kleine Fee beschloss, gleich mit dem Bösesein anzufangen. Nur ihre Schuhe musste sie vorher schnell noch runterschmeißen, weil die beim Fliegen ein bisschen schwer waren; aber dann zischte sie mit einem lauten Juchzer in wildem Sturzflug direkt auf die Lichtung zu, wo Mama Reh mit ihren drei Kindern gerade am Bach stand, um Wasser zu trinken.

»Guten Tag, Kleine Fee«, sagte Mama Reh freundlich. »Bist du heute ganz allein unterwegs?«

»Nee!«, sagte die Kleine Fee und schwang ihren Zauberstab. »Ich bin doch heute böse, siehst du das nicht!«

»Wie schön«, sagte Mama Reh, ohne hochzugucken. »Du kannst mit meinen Kindern spielen, Kleine Fee. Aber macht mir nicht zu viel Unfug.«

Da wurde die Kleine Fee noch viel böser, weil Mama Reh wohl gar nicht wusste, wie gefährlich die Kleine Fee heute war; und schwups! zauberte sie Mama Reh und all ihre Kinder auf den nächsten Baum, und da saßen sie nun und guckten erschrocken nach unten.

»Kleine Fee, hör auf mit dem Unfug!«, rief Mama Reh streng. »Zauber uns sofort wieder runter!«

Aber da war die Kleine Fee schon wieder hoch in der Luft und sie fühlte sich so gut und so wirklich richtig böse und so gefährlich, dass sie beschloss, gleich weiterzumachen.

Nur ein kleines Stück weiter saß am Bach Familie Waschbär und wusch ihre Beeren.

»Guten Tag, Kleine Fee«, sagte Papa Waschbär freundlich. »Wie ich sehe, bist du heute allein unterwegs? Und wie ich außerdem sehe«, sagte er dann und warf ihr einen kurzen Seitenblick zu, »hast du heute noch nicht deine Füße gewaschen. Soll ich das für dich erledigen?« Und dabei legte er schon die Beeren beiseite, die er gerade gewaschen hatte.

»Nee!«, sagte die Kleine Fee und schwang ihren Zauberstab, und weil sie noch nicht so viel Übung mit dem Bösesein hatte, musste sie erst einen kleinen Augenblick überlegen, was sie mit Familie Waschbär machen sollte. Dann zauberte sie sie in einen hundertjährigen Schlaf. Da lagen nun Mama Waschbär und Papa Waschbär und all ihre Waschbärenkinder und schnarchten leise vor sich hin und am Ufer lagen ihre gewaschenen Beeren; und weil die nun sowieso keiner mehr brauchte, schnappte die Kleine Fee sich ein paar, bevor sie wieder hoch in die Luft stieg; denn allmählich bekam sie doch ein wenig Hunger.

Ich kann mir nicht vorstellen, dass es irgendetwas gibt, das mehr Spaß macht, als eine Böse Fee zu sein, dachte die Kleine Fee zufrieden. Nicht Flügel putzen und nicht Füße waschen und Beeren statt Müsli zum Frühstück; und außerdem versetze ich die Welt ganz schön in Angst und Schrecken. Und sie stürzte schon wieder mit einem lauten Juchzer nach unten, wo die alberne Familie Kaninchen gerade zwischen den Bäumen Fangen spielte.

»Kleine Fee, Kleine Fee, willst du mit uns spielen?«, riefen die vielen Kaninchenkinder; aber diesmal hatte die Kleine Fee nicht vor, sich lange im Schwatz aufzuhalten, bis irgendwer ihr wieder die Füße waschen wollte, und darum sagte sie nicht einmal »Nee!«, sondern verwandelte einfach nur alle Kaninchen blitzschnell in grüne Frösche.

Aber dann hatte sie die Nase ein bisschen voll vom Bösesein. Sie hatte Familie Reh auf den Baum gezaubert und Familie Kaninchen in Frösche verwandelt, und Familie Waschbär schlief einen hundertjährigen Schlaf; das war ja wohl erst mal genug für einen Tag. Da drehte die Kleine Fee ein paar Runden über dem Wald, und während sie noch überlegte, was sie als Nächstes tun sollte, passierte das Schreckliche.

Nein, nein, keine Angst, sie stürzte nicht ab, auch wenn sie mit ihren schmutzigen Flügeln vielleicht nicht ganz so gut fliegen konnte wie sonst. Aber weil sie so stolz war und so schrecklich vergnügt und weil sie außerdem noch schnell ein paar Krähen erschrecken musste, die gerade vorüberflogen, hielt sie ihren Zauberstab vielleicht nicht ganz so fest, wie sie das besser hätte tun sollen; und plumps! fiel er ihr aus der Hand und landete irgendwo zwischen den Bäumen.

»Ach nee!«, schrie die Kleine Fee und nun musste sie schon wieder einen Sturzflug machen; denn ihren Zauberstab brauchte sie unbedingt.

Es kann natürlich sein, dass sie ihn ganz schnell gefunden hätte, wenn er sauber geputzt und blank zwischen den Bäumen gefunkelt hätte; aber so fand sie ihn jedenfalls nicht und darum setzte sich die Kleine Fee traurig auf einen Holzstapel und dachte nach.

Ihr Zauberstab war verschwunden und ihr Magen knurrte wie ein Bär und den Weg nach Hause wusste sie auch nicht. Da hätte die Kleine Fee fast geweint.

»Hallo, Reh, hörst du mich?«, schrie die Kleine Fee. »Hilf mir, ich hab mich verlaufen!« Und dann wartete sie und horchte und dann schlug sie sich plötzlich die Hand vor den Mund. »Ach nee!«, schrie die Kleine Fee, denn jetzt war ihr wieder eingefallen, dass Mama Reh mit ihren Kindern ja irgendwo im Wald auf einem Baum hockte und ihr nicht helfen konnte. »Ach nee, ach nee!«

Denn schließlich schliefen ja auch die Waschbären ihren hundertjährigen Schlaf und die Kaninchen quakten am Bach und niemand war da, der einer Kleinen Bösen Fee nach Hause helfen konnte.

»Ach nee, ach nee!« Und dann fing sie wirklich an zu weinen, so sehr, dass ihre Tränen als kleine hellgraue Bäche über ihre dunkelgrauen Füße liefen.

Aber zum Glück war die Kleine Fee ja nicht ganz allein auf der Welt, und du weißt schon, wer jetzt plötzlich mit einem sanften Plumps neben ihr auf der Waldlichtung landete.

»Kleine Fee, kleine Fee!«, sagte Mama Fee. »Wo warst du denn bloß? Ich hab dich schon so lange gesucht!«

Und dann legte sie der Kleinen Fee ihre Hand auf den Kopf und küsste sie ganz vorsichtig auf die Nase, weil das der einzige Fleck war, der trocken geblieben war, und legte ihr den Zauberstab vor die Füße.

»Den hab ich übrigens zwischen den Bäumen gefunden. Nimm erst mal ein Taschentuch.«

Und da putzte die Kleine Fee sich ganz, ganz laut ihre Nase und tupfte sich die Tränen von den Wangen; nur die Füße ließ sie, wie sie waren.

»Und denk dir nur«, sagte Mama Fee, als sie neben der Kleinen Fee über den Wald hin nach Hause flog, »was ich auf meiner Suche alles entdeckt habe! Familie Reh auf dem Baum und Familie Waschbär im hundertjährigen Schlaf, und Familie Kaninchen waren Frösche geworden.«

»Das hat alles eine Böse Fee gemacht«, sagte die Kleine Fee zufrieden und guckte nach unten, wo neben dem Bach schon wieder viel Betrieb war. Familie Reh trank, als wäre nichts gewesen, und Familie Waschbär wusch ihre Beeren und die alberne Familie Kaninchen spielte längst wieder Fangen.

»Glaubst du denn, dass die Böse Kleine Fee morgen wieder eine Gute Kleine Fee sein wird?«, fragte Mama Fee; da waren sie schon fast zu Hause angekommen.

Die Kleine Fee wackelte mit ihren grauen Zehen und schwenkte ihren matten Zauberstab und flatterte mit ihren schmutzigen Flügeln. »Nee!«, sagte die Kleine Fee und gab Mama Fee einen dicken, dicken Kuss.

Die kleine Hexe will eine gute Hexe werden

von Otfried Preußler

Wie der leibhaftige Wirbelwind stürmte die kleine Hexe auf dem neuen Besen dahin. Mit flatternden Haaren und wehendem Kopftuch brauste sie über die Dächer und Giebel des Dorfes. Abraxas hockte auf ihrer Schulter und krallte sich mühsam fest.

»Aufpassen!«, krächzte er plötzlich, »der Kirchturm!«

Gerade noch rechtzeitig konnte die kleine Hexe den Besen zur Seite rucken, sonst wäre sie haargenau an der Turmspitze hängen geblieben. Nur die Schürze verfing sich am Schnabel des eisernen Wetterhahnes. Ratsch! riss sie mitten entzwei.

»Flieg doch langsamer!«, schimpfte der Rabe. »Mit diesem verdammten Gerase wirst du dir noch den Hals brechen! Bist du denn toll geworden?«

»Ich nicht«, rief die kleine Hexe, »aber der Besen! Das Biest ist mir durchgegangen!«

Mit neuen Besen ist es genau wie mit jungen Pferden: Man muss sie erst zähmen und zureiten. Wenn es dabei nur mit einer zerrissenen Schürze abgeht, so darf man von Glück sagen.

Aber die kleine Hexe war klug. Sie lenkte den Besen, so gut es ging, auf die freien Felder hinaus. Dort konnte sie nirgends anstoßen. »Bocke nur!«, rief sie dem Besen zu, »bocke nur! Wenn du dich müde gebockt hast, wirst du schon zur Vernunft kommen! Hussa!«

Der Besen versuchte auf alle erdenkliche Arten, sie loszuwerden. Er machte die wildesten Kreuz- und Quersprünge, bäumte sich auf, ließ sich fallen – es half nichts. Die kleine Hexe blieb oben, sie ließ sich nicht abschütteln.

Endlich gab sich der Besen geschlagen, er konnte nicht mehr. Nun tat er aufs Wort, was die kleine Hexe von ihm verlangte. Gehorsam flog er bald schneller, bald langsam, geradeaus und im Bogen.

»Na also!«, sagte die kleine Hexe zufrieden. »Warum denn nicht gleich?«

Sie zupfte sich Kleider und Kopftuch zurecht. Dann gab sie dem Besen eins mit der flachen Hand auf den Stiel – und sie schwebten gemächlich dem Wald zu.

Lammfromm war der neue Besen geworden. Sie segelten über die Wipfel und sahen tief drunten die Felsen und Brombeerhecken. Vergnügt ließ die kleine Hexe die Beine baumeln. Sie freute sich, dass sie jetzt nicht mehr zu Fuß gehen musste. Sie winkte den Hasen und Rehen, die sie im Dickicht erspähte, und zählte die Fuchslöcher.

»Sieh mal – ein Jäger!«, krächzte nach einer Weile der Rabe Abraxas und deutete mit dem Schnabel hinunter.

»Ich sehe ihn«, sagte die kleine Hexe. Sie spitzte die Lippen und spuckte dem Jägersmann – pitsch! – auf den Hut.

»Warum tust du das?«, fragte Abraxas.

Sie kicherte: »Weil es mir Spaß macht! Hihi! Er wird denken, es regnet!«

Der Rabe blieb ernst. »Das gehört sich nicht«, sagte er tadelnd. »Als gute Hexe darf man den Leuten nicht auf den Hut spucken.«

»Ach«, rief sie ungehalten, »hör auf damit!«

»Bitte sehr«, krächzte Abraxas beleidigt. »Aber die Muhme Rumpumpel wird sich bei solchen ›Späßen‹ ins Fäustchen lachen …«

»Die Wetterhexe? – Was geht denn das die an?«

»Sehr viel!«, rief der Rabe. »Was meinst du wohl, wie die sich freuen wird, wenn du bis nächstes Jahr keine gute Hexe geworden bist! Willst du ihr dieses Vergnügen gönnen?«

Die kleine Hexe schüttelte heftig den Kopf.

»Du bist aber, wenn mich nicht alles täuscht, auf dem besten Weg dazu«, sagte Abraxas. Dann schwieg er.

Die kleine Hexe schwieg auch. Was Abraxas gesagt hatte, gab ihr zu denken. Sie grübelte finster darüber nach. Aber wie sie die Sache auch drehen und wenden mochte, es blieb dabei, dass der Rabe recht hatte. Als sie zu Hause ankamen, sagte sie: »Ja, es ist richtig, ich muss eine gute Hexe werden. Nur so kann ich dieser Rumpumpel eins auswischen. Grün und gelb soll sie werden vor Ärger!«

»Das wird sie!«, krächzte Abraxas. »Du musst aber freilich von heute an immer nur Gutes tun.«

»Daran soll es nicht fehlen!«, versprach sie.

Von nun an studierte die kleine Hexe täglich nicht sechs, sondern sieben Stunden im Hexenbuch. Bis zur nächsten Walpurgisnacht wollte sie alles im Kopf haben, was man von einer guten Hexe verlangen kann. Das Lernen machte ihr wenig Mühe, sie war ja noch jung.

Bald konnte sie alle wichtigen Hexenkunststücke auswendig hexen.

Zwischendurch ritt sie auch manchmal ein bisschen spazieren. Wenn sie so viele Stunden lang fleißig geübt hatte, brauchte sie eine Abwechslung. Seit sie den neuen Besen besaß, geschah es sogar, dass sie hin und wieder ein Stück zu Fuß durch den Wald ging. Denn laufen müssen und laufen können ist zweierlei.

Als sie nun wieder einmal mit dem Raben Abraxas im Wald herumstreifte, traf sie drei alte Weiber. Die drei trugen Buckelkörbe und blickten zu Boden, als suchten sie etwas.

»Was sucht ihr denn?«, fragte die kleine Hexe.

Da sagte das eine Weiblein: »Wir suchen nach trockener Rinde und abgebrochenen Ästen.«

»Aber wir haben kein Glück damit«, seufzte das zweite. »Der Wald ist wie ausgefegt.«

»Sucht ihr schon lange?«, fragte die kleine Hexe.

»Seit heute Morgen schon«, sagte das dritte Weiblein. »Wir suchen und suchen, aber wir haben zusammen noch nicht einmal einen halben Korb voll. Wie soll das nur werden, wenn wir im nächsten Winter so wenig zu heizen haben?«

Die kleine Hexe warf einen Blick in die Buckelkörbe. Es lagen nur ein paar dürre Reiser darin.

»Wenn das alles ist«, sagte sie zu den Weibern, »dann kann ich verstehen, warum ihr so lange Gesichter macht. Woran liegt es denn, dass ihr nichts findet?«

20

»Am Wind liegt's.«

»Am Wind?!«, rief die kleine Hexe. »Wie kann das am Wind liegen?«

»Weil er nicht wehen will«, sagte das eine Weiblein.

»Wenn nämlich kein Wind weht, fällt nichts von den Bäumen herunter.«

»Und wenn keine Äste und Zweige herunterfallen – was sollen wir dann in die Körbe tun?«

»Ach, so ist das!«, sagte die kleine Hexe.

Die Holzweiber nickten; und eines von ihnen meinte: »Was gäbe ich drum, wenn ich hexen könnte! Dann wäre uns gleich geholfen! Ich würde uns einen Wind hexen. Aber ich kann es nicht.«

»Nein«, sprach die kleine Hexe, »du kannst das freilich nicht.«

Die drei Weiber beschlossen nun heimzugehen. Sie sagten: »Es hat keinen Zweck, dass wir weitersuchen. Wir finden ja doch nichts, solange kein Wind weht. – Auf Wiedersehen!«

»Auf Wiedersehen!«, sagte die kleine Hexe und wartete, bis sich die drei ein paar Schritte entfernt hatten.

»Könnte man denen nicht helfen?«, fragte Abraxas leise.

Da lachte die kleine Hexe. »Ich bin schon dabei. Aber halte dich fest, sonst verweht es dich!«

Windmachen war für die kleine Hexe ein Kinderspiel. Ein Pfiff durch die Zähne und augenblicklich erhob sich ein Wirbelwind. Aber was für einer! Er fuhr durch die Wipfel und rüttelte an den Stämmen. Von allen Bäumen riss er die dürren Reiser ab. Rindenstücke und dicke Äste prasselten auf den Boden.

Die Holzweiber kreischten und zogen erschrocken die Köpfe ein. Mit beiden Händen hielten sie ihre Röcke fest. Es fehlte nicht viel und der Wirbelwind hätte sie umgeblasen. So weit aber ließ es die kleine Hexe nicht kommen. »Genug!«, rief sie. »Aufhören!«

21

Der Wind gehorchte aufs Wort und verstummte. Die Holzweiber blickten sich ängstlich um. Da sahen sie, dass der Wald voller Knüppel und abgerissener Zweige lag.

»Welch ein Glück!«, riefen alle drei. »So viel Klaubholz auf einmal! Das reicht ja für viele Wochen!«

Sie rafften zusammen, was sie gerade erwischen konnten, und

stopften es in die Buckelkörbe. Dann zogen sie freudestrahlend nach Hause.

Die kleine Hexe sah ihnen schmunzelnd nach.

Auch der Rabe Abraxas war ausnahmsweise einmal zufrieden. Er pickte ihr auf die Schulter und sagte: »Nicht schlecht für den Anfang! Mir scheint, du hast wirklich das Zeug dazu, eine gute Hexe zu werden.«

Penny und der Riese Pallawatsch

von Brigitte Endres

Seit heute hat Penny einen Freund. Einen ganz besonderen Freund. Niemand, den Penny kennt, hat so einen Freund.

Und das kam so: Als Penny vom Kindergarten kommt, liegt einer unterm Apfelbaum. Liegt da und schnarcht, dass die Äste zittern. Und riesig ist der Kerl! Nein wirklich! Hände wie Bratpfannen, und die Füße erst …! Größer als Pennys Schlauchboot – und schwarz vor Dreck wie Kohlensäcke.

Erst graust sich Penny – aber nur ein ganz kleines bisschen. Wer einen großen Bruder hat, graust sich so schnell vor nichts.

»Hopsklops!!«, ruft Penny. »Was ist das denn für ein riesiger Kerl?«

Davon wacht der Fremde auf.

»Öch bön ön Röse!«, brummt er mit tiefer, tiefer Riesenstimme.

»Hopsklops, das sieht man«, sagt Penny. – Hopsklops ist nämlich zurzeit ihr Lieblingswort. Penny denkt sich gern lustige Wörter aus.

Aber dann fragt sie doch – sicher ist sicher: »Bist du ein gefährlicher Riese?«

»Nö«, sagt der Riese und streckt sich. Fast schubst er dabei den Gartenschuppen um.

»Dann darfst du hier bleiben«, sagt Penny beruhigt. »Aber tret mit deinen Riesenfüßen nicht in Mamas Beete!«

»Nö, nö!«, brummelt der Riese und setzt sich träge auf.

Im Sitzen reicht er bis zum Wipfel. Die Apfelbaumzweige kitzeln seine Riesennase. Sie ruckelt und zuckelt. Und dann:

»Hö, hö, hötschi!«

Platsch plumpst Penny auf den Popsch. Einfach vom Riesen umgeniest!

»Öh!«, brummt der Riese und guckt betreten.

»Hopsklops!« Penny reibt sich verdutzt den Hintern. »Riesen niesen aber doll!«

Gerade da ruft jemand: »PEENNY! MIIITTAGESSEN!«

Penny springt auf. »Ich muss rein! – Wartest du auf mich?«

Da nickt der Riese, dass der Baum wackelt.

Penny rennt ins Haus. Beim Essen späht sie dauernd aus dem Fenster. Der Riese ist noch da, er bohrt mit seinem Riesenfinger in der Nase.

»Was gibt's denn da draußen?«, fragt Mama.

»Na, den Riesen!«, sagt Penny und schlingt ratzfatz die Spaghetti runter.

»Aha«, sagt Mama und blickt verwundert in den Garten.

Der große Bruder feixt. »Haha, ein Riese! Ein Riese! Ich lach mich schlapp!«

Und dann lacht er sich wirklich fast schlapp. Wiehert und gluckert und grunzt, verschluckt sich, prustet und hustet und läuft rot an.

Penny ist auch rot, tomatenrot. Vor Ärger – und ein bisschen von der Soße. Was lacht der so doof? Dabei sitzt er mit dem Rücken zum Fenster und kann den Riesen gar sehen. Typisch!

»Du, du …!« Penny schnappt nach Luft. »Du, du dummer Schnupselpups!«

Zornig springt sie auf und saust aus der Küche, schnurstracks in den Garten.

Der Riese sitzt noch immer am Apfelbaum, aber in der Nase bohrt er grade nicht. Penny freut sich. Der sieht nett aus. Viel netter als der dumme Schnupselpups!

»Sag mal, Riese, wie heißt du eigentlich?«, erkundigt sie sich gespannt. Bestimmt hat er einen lustigen Riesennamen.

»Wöß nöch«, brummt der Riese.

»Macht ja nichts«, sagt Penny. »Ich denk mir einfach einen Namen für dich aus. Ich bin ziemlich gut im Ausdenken. Soll ich?«

»Wöß nöch«, brummt der Riese, aber da denkt Penny schon.

»Wie wär's mit Popelschnops?«

»Wöß nöch«, brummt der Riese.

»Wie gefällt dir – Guglhumpf?«

»Wöß nöch«, brummt der Riese.

Penny kneift die Augen zu und denkt weiter.

»Und Klumpatsch oder Höckmöck oder Muckelprotsch oder …?«

»Nööö!«, brummt der Riese.

Penny raucht schon der Kopf. Aber so schnell gehen ihr die Einfälle nicht aus. Sie sieht sich den Riesen noch mal ganz genau an. Und dann hat sie's!

»Pallawatsch!«

»Pöllöwötsch!«, brummelt der Riese und hört sich ziemlich zufrieden an. »Pöllöwötsch öst schööön!«

Penny ist auch zufrieden. Pallawatsch passt sehr gut zu dem Riesen.

Penny setzt sich neben ihn. Zwergenklein kommt sie sich vor. Noch kleiner als sonst. Der Riese bohrt schon wieder in der Nase, das scheint ihm zu gefallen. Aber Penny findet das langweilig.

»Was machen wir jetzt?«, fragt sie.

»Wöß nöch«, näselt Pallawatsch.

Penny seufzt. Also muss sie sich wieder was einfallen lassen! Aber weil Penny Penny ist, fällt ihr natürlich gleich was ein.

»Nimm den Finger aus der Nase und trag mich ein bisschen spazieren!«

»Wöröm?«, fragt der Riese und nimmt den Finger aus der Nase.

»Ich will mal von oben runtergucken. Sonst guck ich doch immer hoch. Kapiert?«

»Nö«, sagt der Riese, rappelt sich aber trotzdem auf. Zu voller Größe.

Hopsklops! Jetzt ist Pallawatsch aber wirklich riesen-riesenriesengroß! Er kann locker übers Haus sehen.

»Beug dich doch mal zu mir runter«, sagt Penny.

»Höh?« Der Riese hält die Hand ans Riesenohr.

»RUUUNTERBEUGEEEN!«, brüllt Penny.

Jetzt ist es oben angekommen. Gutmütig beugt sich der Riese zu ihr hinunter. Ruck, zuck kraxelt Penny auf seine Riesenhand, und Pallawatsch setzt sie auf der Schulter ab.

Und dann streckt er sich. Da reißt Penny aber die Augen auf!

Die Aussicht ist ja riesig! Das ganze Städtchen kann sie sehen, das Rathaus und den Kindergarten, den Supermarkt und die Schule, den Sportplatz und das Schwimmbad. Die Kirche mit dem Kirchturm … Und genau da fällt Penny plötzlich etwas auf.

Sie deutet nach vorn. »Da rüber, Pallawatsch! – Und pass bloß auf Mamas Blumen auf!«

Folgsam macht der Riese einen Schritt. Auf Zehenspitzen. Über den Zaun, auf die Straße. Autos bremsen, Fußgänger halten an. Riesen haben nun mal Vorfahrt, das weiß jeder.

Vier Riesenschritte noch und sie sind da.

»Warte!«, ruft Penny und hüpft aufs Kirchturmdach.

Auf der Kirchturmspitze sitzt nämlich ein Wetterhahn, einer aus Eisen. Und der sitzt schief! Total schief! Schnabel nach unten, Schwanzfedern in die Höhe. Wie sieht das denn aus!

Penny zieht und zerrt, aber sie kriegt ihn einfach nicht gerade. Kein Wunder! Eisen ist eisenhart. Penny rackert und ackert. Ihr bleibt fast die Luft weg – und Pallawatsch steht da und bohrt in der Nase.

»Pa... Pall... Pallawatsch!«, japst sie. »Willst du mir nicht helfen?«

»Wöß nöch«, brummt der Riese.

Penny stöhnt. Dem Pallawatsch muss man wohl alles sagen!

»Fass mal mit an!«, ruft sie ihm zu. »Aber ganz, ganz vorsichtig!«

Da stupst der Riese den Wetterhahn. Nur mit dem kleinen Riesenfinger und wirklich ganz, ganz vorsichtig.

Und schon sitzt der Wetterhahn wieder aufrecht. Schnabel nach vorn, Schwanz nach hinten. Wie es sich gehört.

Penny klatscht in die Hände. »Hopsklops, das hast du aber gut gemacht!« Mit einem Satz springt sie auf die Riesenschulter zurück.

Da freut sich der Riese übers ganze Stoppelbartgesicht. Und der Wetterhahn freut sich auch. Er kann's zwar nicht sagen, aber er blitzt vor lauter Glück in der Sonne.

Und das bringt Penny auf eine Idee. Es ist heute doch so schön warm – und außerdem …

Sie beugt sich nach unten und rümpft die Nase. »Und jetzt ins Schwimmbad?«

»Wöröm?«, brummt der Riese.

»Füße waschen!«, sagt Penny.

»Nö!«, brummt Pallawatsch und schüttelt wild den Kopf. Fast wäre Penny runtergeplumpst.

Aber Penny bleibt hart. »Da gibt's gar nichts«, sagt sie und hangelt sich am Hosenträger hoch. »Du bist doch wohl nicht wasserscheu?«

»Nööö«, grummelt der Riese und wird dabei ganz rot.

Penny weiß genau: Er schwindelt!

Aber weil Pallawatsch um seine Riesenehre fürchtet, trottelt er widerwillig los.

Nur dreieinhalb Riesenschritte, schon sind sie da.

»Platz gemacht!«, ruft Penny.

Hals über Kopf retten sich die Leute aus dem Becken. Mit offenen Mündern gaffen sie den Riesen an. Ein Riese im Schwimmbad. Na so was!

»Ins Wasser!«, befiehlt Penny dem Riesen.

»Öch nööö!«, jammert Pallawatsch.

»Stell dich nicht an!«, sagt Penny streng.

Da streckt der Riese den großen Riesenzeh ins Wasser, ganz vorsichtig und nur ein winziges bisschen. Schwupp! zieht er ihn wieder raus.

»Sei ein Riese!«, raunt ihm Penny zu. »Die Leute gucken schon!«

Da nimmt Pallawatsch seinen ganzen Riesenmut zusammen, krempelt die groß karierte Hose hoch, kneift Augen und Nase zu und springt.

Platsch! In hohem Bogen schwappt das Wasser über. Die Zuschauer sind klatschnass. Nur noch ein Pfützchen Schmuddelbrühe steht im Becken und mittendrin der Riese.

Und der lacht. Weil er stolz ist, und weil er jetzt saubere Füße hat, und weil er nicht untergegangen ist.

Auf einmal schrillt eine Trillerpfeife. Penny fallen fast die Ohren

ab. Auweia! Der Bademeister! Und der lacht leider gar nicht. Der tobt.

»Raus aus meinem Schwimmbad! Riesen und Hunde müssen draußen bleiben! Könnt ihr denn nicht lesen!«

»Nö«, brummt der Riese kleinlaut und tappt aus dem Becken.

»Ich auch nicht«, gibt Penny verlegen zu. »Ich geh noch nicht zur Schule.«

Und dann holt der Bademeister Luft und legt los. Von Schadensersatz und Ruhestörung und polizeilicher Anzeige und unbefugtem Betreten …

Penny mag gar nicht hinhören. Das ist ja nicht zum Aushalten!

»Pallawatsch«, flüstert sie dem Riesen ins Ohr. »Mach mal flugs 'nen Riesensatz!«

Da fackelt der Riese nicht lang. Ganz ohne Anlauf springt er hoch, macht einen wirklich riesengroßen Satz – und schwupp! steht er wieder im Garten, genau vor Pennys Haus.

Und im Schwimmbad? Na, da gucken die Leute dumm, vor allem der Bademeister.

»Gerettet!«, ruft Penny und drückt dem Riesen einen Kuss auf die Stoppelbacke.

»Jöööh«, brummelt der Riese und wird ganz rot.

Da erspäht Penny etwas. Auf dem Hausdach. In der Dachrinne. Es ist gelb und blau und hat einen Propeller. Und es gehört dem großen Bruder. Ein Spielzeugflieger. Den hat der Wind hierher getrieben. So was passiert.

Penny streckt den Arm aus. »Hopsklops! Ich hab ihn! – Wollen wir ihn fliegen lassen?«

»Nööö!«, brummt der Riese und plumpst auf die Wiese, dass die Maulwurfshügel beben.

»Öch bön möde. Fößewöschen möcht söhr möde.«

Dann gähnt er aus abgrundtiefem Riesenschlund. »Ööööööha!«

Und noch ehe Penny bis drei zählen kann, ist er schon eingeduselt und schnarcht, wie nur ein Riese schnarchen kann.

Da lehnt Penny sich an sein groß kariertes Riesenhosenbein und wartet. Bestimmt wacht Pallawatsch bald wieder auf und dann …

Aber da muss Penny selber gähnen.

»Penny!« Mama rüttelt Penny sanft an der Schulter. »Wir haben dich schon gesucht!«

Penny schreckt hoch. »Hopsklops, bin ich eingeschlafen?«

Und gleich dreht sie sich blitzschnell um. Aber Pallawatsch ist verschwunden. Kein Fitzelchen von einem Riesen.

»Och!« Penny schiebt enttäuscht die Unterlippe vor. »Wo ist denn der Riese?«

»Ich weiß nicht«, sagt Mama. »Vielleicht musste er heim und wollte dich nicht wecken.«

Der große Bruder verzieht den Mund. Mama sieht ihn drohend an. Dann packt sie Penny in die groß karierte Decke und trägt sie ins Haus.

Pennys Hand umklammert etwas.

»Mann, das ist ja mein Flieger!« Der große Bruder nimmt ihr verblüfft das Flugzeug ab. »Wie bist du bloß aufs Dach gekommen?«

»Na, mit dem Riesen Pallawatsch!«, sagt Penny. »Wie denn sonst?«

33

Mina und das Einrad

von Thomas Fuchs

Ehrlich, ich kann Einradfahren!«, wiederholte Mina störrisch und sah ihren anderthalb Jahre älteren Bruder Julian böse an. »Aber ich hab keine Lust, es dir zu zeigen!«

»Klar!« Julian feixte. »So wie du auch Schwimmen konntest, Radschlagen, Schlittschuhlaufen, Lesen und Schreiben …«

»Ehrlich!« Mina wurde so wütend, dass sich unter ihrem braunen Pony rote Flecken auf ihrer Stirn bildeten. »Einradfahren kann ich wirklich.«

»Du spinnst doch!« Julian spuckte seine Worte förmlich aus. »Du bist die bescheuertste kleine Schwester, die man sich vorstellen kann. Du bist eine miese Lügnerin, du kannst kein Einradfahren.«

»Nur, weil ich nicht auf deinem bescheuerten Einrad fahren will, heißt das nicht, dass ich es nicht kann!« Mina wusste selbst nicht, warum sie so was behauptete, doch irgendetwas in ihrem Kopf sorgte dafür, dass sie sich immer weiter in dieser Lüge verstrickte. »Ich finde nur dein Einrad blöd und ich will nur auf meinem eigenen fahren. Aber das habe ich noch nicht, das muss ich mir erst kaufen.«

»Ach, verzieh dich doch!« Julian drehte sich um und ließ seine sieben Jahre alte Schwester einfach stehen. Er klemmte sich den bananenförmigen Sattel seines neuen blauen Einrads zwischen die Oberschenkel, hielt sich mit der rechten Hand am Zaun zum Nachbarhof fest und zog sich hoch. Diesmal kam er fast fünf Meter weit, ohne das Gleichgewicht auf dem Einrad zu verlieren.

Mina warf ihm noch einen kurzen Blick zu, dann drehte sie sich um und stürmte hinauf in die Wohnung. Sie donnerte die Kinderzimmertür hinter sich zu und warf sich heulend aufs Bett.

Mina war sauer. Sauer auf ihren doofen älteren Bruder, aber noch saurer auf sich selbst. Denn Julian hatte recht. Das wusste er und das wusste auch Mina. Denn sie konnte natürlich nicht Einradfahren.

Woher auch. Julian war der Erste überhaupt in der Schule, der ein Einrad hatte. Er hatte es sich von dem Geld seiner Kommunion gekauft. Wie auch die Wii und den elektronischen Fahrradtacho.

Wieso Mina gerade unten auf der Straße behauptet hatte, sie könne Einradfahren, wusste sie selbst nicht. Das war so wie damals, als Julian ihr Lesen und Schreiben beibringen wollte. Da war er in der ersten Klasse gewesen und sie in der Vorschule. Und da hatte sie auch gesagt, dass sie das schon könne. Obwohl sie es natürlich noch nicht konnte, ebenso wenig wie seinerzeit Schwimmen, Radschlagen oder Schlittschuhlaufen. Aber immer wenn ihr älterer Bruder etwas neu konnte und ihr so von oben herab anbot, es ihr beizubringen, dann konnte Mina einfach nicht anders. Dann behauptete sie jedes Mal, dass sie seine Hilfe nicht benötigen würde und das sowieso schon könnte. Wenn Julian ihr so kam, dann war in seiner Stimme etwas, in seinem Gesicht ein Ausdruck, dass sie sich ganz klein fühlte. Dann kam es ihr so vor, als wolle er ihr gar nicht etwas beibringen, sondern ihr vielmehr zeigen, wie toll er sei. Denn er konnte ja schon Lesen, Schreiben, Schwimmen, Radschlagen, Einradfahren und würde nun gnädigerweise seine unwissende kleine Schwester an seinem tollen Können Anteil haben lassen. Und dieses Gefühl tat Mina fürchterlich weh. Mama und Papa hatten sie oft gefragt, warum sie denn so lügen würde, es wäre doch nett von Julian, wenn er ihr etwas beibringen wolle.

Mina hätte ihnen gerne erklärt, warum sie in diesen Momenten einfach lügen musste, doch wie? Sie wusste ja selbst nicht so genau, was da zwischen ihrem Bruder und ihr ablief. Wie gerade eben auch wieder. Julian hatte sich auf seinem neuen Einrad versucht, es nicht besonders toll hinbekommen und Mina hatte zugesehen. Und dann, als er irgendwann nicht mehr konnte, hatte Julian sie gefragt, ob sie nicht auch mal probieren wolle.

»Einradfahren ist allerdings echt schwer«, hatte Julian großspurig gesagt, »aber ich kann es dir zeigen. Und es ist gar nicht schlimm, wenn du anfangs hinfällst. Das ist auch echt schwer und du bist ja noch kleiner als ich und Anfängerin.«

Und da war es wieder passiert. Mina hatte einfach sagen müssen, dass sie es schon konnte. Sie hatte Julian gesehen und die Sache war gelaufen.

Der einzige Trost war diesmal, dass Julian in zwei Tagen ins Fußballtrainingslager fahren würde und sie nicht weiter würde nerven können. Denn das tat er ansonsten immer, wenn Mina derart gelogen hatte.

»Meine kleine Schwester ist so doof!«, sagte er dann allen und jedem. »Sie lügt ständig und behauptet immer, dass sie Dinge kann, die sie gar nicht kann.«

Mina hasste ihn dafür. Sie vergrub ihren Kopf in ihrem Kissen und wünschte sich sonst wohin.

Doch dann plötzlich war da dieser eine Gedanke. Es dauerte etwas, bis sie ihn richtig zu fassen bekam, doch als sie ihn endlich gepackt hatte, da war er so großartig, dass Mina vor Aufregung fast die Luft wegblieb. Und sie beschloss, es genau so zu machen.

Die Anspielungen und Sticheleien von Julian, die vorwurfsvollen Fragen der Eltern glitten in den Tagen danach an Mina ab. Sie schüttelte einfach nur stur den Kopf und wiederholte immer wieder ihre Aussage, dass sie selbstverständlich Einradfahren könne, es aber nur nicht zeigen wolle.

Dann endlich brach Julian mit seinen Kumpeln ins Trainingslager auf. Und kaum waren auch Mama und Papa zur Arbeit gegangen, da erklärte Mina Jenny, dass sie drüben auf dem Schulhof spielen wolle. Jenny war die erwachsene Tochter der Nachbarn, die Minas Eltern die ganze Woche engagiert hatten, damit jemand die Herbstferien über auf Mina aufpasste. Jenny fand das eine tolle Idee, denn auf den Schulhof durfte Mina allein, und so konnte sie zu Hause bleiben und fernsehen.

Und als Mina ihr nach dem Mittagessen erklärte, dass sie wieder auf den Schulhof wolle, war Jenny noch besser gelaunt. So leicht hatte sie noch nie ihr Geld beim Babysitten verdient.

Die ganze Woche hindurch ging das so. Jeden Morgen verabschiedete sich Mina nach dem Frühstück von Jenny, sagte, sie würde zum Spielen auf den Schulhof gehen, und kam erst um dreizehn Uhr zum Mittagessen zurück. Dann verschwand sie wieder und klingelte pünktlich um kurz vor vier Uhr, denn kurz nach vier Uhr kam Mama aus dem Büro.

»Was machst du eigentlich immer auf dem Schulhof?«, hatte Jenny am zweiten Tag gefragt.

»Spielen!«, hatte Mina geantwortet.

»Mit wem denn?«

»Mit den anderen Kindern.«

»Na dann ...«, hatte Jenny geantwortet und sich wieder ihrem Laptop zugewandt. Doch wenn sie nicht nur gefragt hätte, sondern Mina nachgegangen wäre, dann hätte sie feststellen können, dass Mina die Tage überhaupt nie am Spielen war. Dann hätte sie gemerkt, dass Minas erster Weg aus der Wohnung hinunter in den Fahrradkeller führte, dass sie sich dort jedes Mal das Einrad ihres älteren Bruders schnappte und damit Stunde um Stunde, jeden Vormittag und jeden Nachmittag der Ferienwoche, auf dem Schulhof übte. Und nachdem sie sich anfangs nicht mal einen Meter im Sattel hatte halten können, ging es mit jeder Stunde eisernen Übens besser und besser. Wenn sie müde wurde, sie sich erneut das Knie oder den Ellbogen aufgeschürft hatte, die blauen Flecken am Po schmerzten und Mina ans Aufgeben dachte, dann musste sie sich nur Julians Gesicht vorstellen, wenn sie ihm auf dem Einrad etwas vorfahren würde. Das gab ihr jedes Mal neue Kraft und weckte eine schier unbändige Energie in ihr. Nach zwei Tagen konnte Mina bereits Geradeausfahren. Am dritten Tag Kurven und nach vier Tagen Rückwärts. Am Freitag schaffte sie es sogar die drei Stufen zum Sportplatz hinunter. Mina war so stolz auf sich, dass sie vor Glück hätte platzen können.

Am Samstag war dann endlich ihr großer Moment. Gleich nach dem Frühstück, bei dem Julian ausgiebig von seinem tollen Trainingslager erzählt hatte, holte sich ihr älterer Bruder sein Einrad und begann, wieder unten im Hof zu üben. Nach etwa einer halben Stunde rief er die Eltern und Mina, um ihnen zu zeigen, wie super er das schon könne. Mit Am-Zaun-Festhalten schaffte er inzwischen eine Strecke von etwa zehn Metern. Die Eltern nickten stolz und Papa sagte, dass das doch schon sehr gut aussehen würde.

Und so wie Mina es sich ausgemalt hatte, wandte sich Julian nun ihr zu.

»Willst du auch mal versuchen?«, fragte er. »Ist aber echt nicht so leicht. Das hast da ja bei mir gesehen.«

»Nee, keine Lust!«, antwortete Mina.

»Ach, stimmt ja!«, plusterte sich Julian auf. »Du kannst das ja schon. Hab ich irgendwie vergessen.«

»Genau«, gab ihm Mina zur Antwort. »Ich kann Einradfahren!«

»Logisch!«, spottete Julian. »Und du willst es uns nur nicht beweisen, weil du nur auf deinem eigenen Einrad fahren willst, klar doch.«

»Weißt du was? Du kannst mich mal!«, fuhr Mina ihn da an.

»Mina!«, wies sie ihr Vater zurecht. »Jetzt reicht es. Schlimm genug, dass du lügst, nun werd bitte nicht noch deinem Bruder gegenüber ausfällig. Er hat lediglich nett gefragt, ob er dir was beibringen soll.«

»Wisst ihr was? Ihr könnt mich alle mal!«, brach es aus Mina heraus. »Ihr denkt, ich lüge? Okay, dann werde ich euch jetzt mal etwas zeigen!«

Sie riss ihrem älteren Bruder das Einrad aus den Händen, schob sich den bananenförmigen Sattel zwischen die Beine und fuhr einfach so los. Ohne sich festzuhalten, ohne zu wackeln oder auch nur zu schwanken, fuhr sie vor ihren verdutzten Eltern und ihrem noch viel fassungsloseren Bruder Julian eine elegante Acht über den Hof, dann rückwärts ein Viereck. Nachdem sie mit cool verschränkten Armen noch etwas auf der Stelle gependelt hatte, stieg sie schließlich mit einem lässigen Hüpfer vor den dreien wieder ab. Julian ließ sich sprachlos von ihr sein Einrad in die Hand drücken, und auch Minas Eltern wussten nicht, was sie sagen sollten.

Dafür aber Mina: »Reicht das? Oder soll ich auch noch die Treppe hochfahren? Einradfahren ist kinderleicht, kann jeder. Und Julian, wenn du Hilfe brauchst, ich kann es dir gerne beibringen.« Dann drehte sie sich um und verschwand hoch in ihr Zimmer.

Käpten Knitterbart und seine Bande

von Cornelia Funke

Käpten Knitterbart war der Schrecken aller Meere. Sein Schiff, der »Blutige Hering«, schoss schneller als der Wind über die Wellen. Wenn Knitterbart am Horizont erschien, schlotterten alle ehrlichen Seeleute vor Angst wie Wackelpudding.

Käpten Knitterbarts Steuermann war der Fiese Freddy. Sein Koch war der berüchtigte Säbel-Tom. Dann gab es noch den Kahlen Knud, Harald die Holzhand, den Buckeligen Bill und zwanzig andere wilde Kerle.

Wenn sie ein Schiff enterten, dann war nichts vor ihnen sicher. Sie klauten die goldenen Löffel und die Uniform des Kapitäns. Sie klauten die Galionsfigur, die Kochtöpfe, die Hängematten, die Segel und die Rumfässer natürlich auch.

Eines Tages überfiel Knitterbart wieder mal ein Schiff. Aber das Schiff hätte er besser vorbeifahren lassen. Denn an Bord war ein kleines Mädchen namens Molly. Molly hatte Ferien und war unterwegs zu ihrer Oma.

Die Piraten sprangen mit wildem Gebrüll an Deck. Molly versteckte sich zwischen den Tauen. Aber der Fiese Freddy zog sie heraus.

»Was machen wir mit der?«, fragte er.

»Die nehmen wir mit, du Dummkopf!«, knurrte Knitterbart. »Für das Schätzchen bezahlen die Eltern jede Menge Lösegeld. Wenn nicht, kommt sie zu den Haifischen.«

»Das wird euch verdammt leidtun!«, schrie Molly.

Aber der Fiese Freddy verschnürte sie wie einen Rollmops und warf sie auf den »Blutigen Hering«.

Erst als die Sonne unterging, schleppte der Kahle Knud sie zum Käpten.

»Los, sag mir den Namen und die Adresse von deinen Eltern!«, knurrte Knitterbart.

»Sag ich nicht!«, knurrte Molly zurück. »Wenn du den Namen

von meiner Mutter hörst, machst du dir vor Angst sowieso in die Hose!«

Die Piraten grölten vor Lachen.

Da ließ Knitterbart Molly schuften. Sie musste Kartoffeln schälen und Stiefel putzen. Sie musste Säbel polieren, Segel flicken und das Deck schrubben. Molly tat bald jeder Knochen weh.

Dreimal am Tag fragte Knitterbart: »Name und Adresse?«

Aber Molly grinste bloß.

»Zu den Haien mit ihr!«, brüllte dann Harald die Holzhand.

Aber Knitterbart knurrte nur: »Die wird schon reden.«

Jeden Abend feierten die Piraten. Sie tranken Rum, torkelten übers Deck und tanzten auf der Reling. Dann grölten sie scheußliche Lieder. Molly aber schrieb heimlich einen Zettel und steckte ihn in eine leere Flasche. Wenn die Piraten in ihren Kojen schnarchten, warf Molly die Flaschenpost ins Meer. Jede Nacht tat sie das.

Eines Nachts feierten die Piraten bis zum Morgengrauen. Und danach blieben sie schnarchend an Deck liegen. Molly stieg vorsichtig über all die Arme und Beine und schleuderte die Flaschenpost über die Reling. Platsch! Plumps!, landete sie im tiefen, weiten Meer.

»He!«, brüllte der Fiese Freddy. »Das kleine Biest hat eine Flaschenpost geschmissen!«

Die Piraten torkelten an die Reling.

»Holt mir die Flasche!«, brüllte Knitterbart. »Sofort!«

Die Piraten tauchten bis zum Meeresgrund. Aber Mollys Flaschenpost fanden sie nicht. Tropfnass und fluchend krochen sie wieder an Deck.

»Was hast du geschrieben?«, brüllte Knitterbart Molly an.

Aber Molly trat nur gegen sein Holzbein.

Knitterbart wurde rot wie ein gekochter Hummer. »Zu den Haifischen mit ihr!«, grölte er.

»Pi-Pi-Pi-raten!«, schrie plötzlich der Blaue Hein im Ausguck.

»Was soll der Blödsinn?«, brüllte Knitterbart. »Wir sind doch die Piraten!«

Aber tatsächlich!

Ein Schiff mit roten Segeln kam rasend schnell auf sie zu. Am Mast flatterte eine riesige schwarze Fahne.

»Wer ist das, zum Teufel?«, brüllte Knitterbart.

»Na, meine Mutter!«, sagte Molly und grinste. »Die Wilde Berta! Wer sonst?«

Knitterbart wurde weiß wie Schlagsahne. Seine Piraten rollten entsetzt die Augen. Ihre Knie schlotterten. Und dem Buckligen Bill flogen fast die falschen Zähne raus.

Das Schiff mit den roten Segeln kam näher. Ganz vorn an der Reling stand die Wilde Berta und schwang ihren Säbel.

»Wartet nur, wenn sie meine Finger sieht!«, sagte Molly. »Ganz rot vom Kartoffelschälen sind die. So was macht Mama sehr wütend.«

Knitterbart und seine Piraten stöhnten vor Angst.

Dann enterte die Wilde Berta den »Blutigen Hering«. Mit furchtbarem Gebrüll schwang sich ihr wilder Haufen über die Reling.

»Na, mein Kind!«, rief die Wilde Berta und warf Molly hoch in die Luft. »Wir haben deine Post bekommen. Deine Oma hat sich schon gewundert, wo du bleibst. Weißt du denn eine schöne, scheußliche Strafe für diese Dummköpfe?«

»Allerdings!«, sagte Molly.

Von diesem Tag an hatten Käpten Knitterbart und seine Piraten keine Zeit mehr, kleine Mädchen zu rauben. Harald schrubbte mit seiner Holzhand tagaus, tagein das Deck. Der Fiese Freddy und Säbel-Tom schälten von morgens bis abends Gemüse. Käpten Knitterbart polierte vierzehn Mal die Woche die Stiefel der Wilden Berta.

Und Molly konnte endlich ihre Oma besuchen!

Der Gutsherr will heiraten

von Gabriele Dietz

Es lebte einst ein reicher Gutsbesitzer, der hatte alles im Überfluss, nur eines fehlte ihm – eine Frau. Da trug es sich zu, dass die Tochter eines armen Pächters auf seinen Feldern half, das Heu einzubringen. Das Mädchen gefiel dem Herrn, und weil er wusste, dass sie arm war, dachte er bei sich, sie würde ihn schon nehmen.

Er sagte: »Ich denke, es ist Zeit für mich zu heiraten.«

Sie entgegnete nur: »Nachdenken kann man über vieles.«

»Ich möchte, dass du meine Frau wirst!«, sagte er da.

»O nein, mein Herr«, erwiderte sie. »Ich mag nicht heiraten.«

Der Gutsherr war es nicht gewöhnt, dass man ihm widersprach, und je beharrlicher sie ihn abwies, desto mehr begehrte er sie. Aber das Mädchen erhörte ihn nicht.

Da schickte der Gutsherr nach ihrem Vater und eröffnete ihm, dass ihm alle Schuld erlassen sei, wenn seine Tochter ihn heiraten würde.

»Mein Herr, ich will meine Tochter schon zur Vernunft bringen«, sagte der Vater. »Sie ist noch jung und weiß nicht, was gut für sie ist.«

Doch all sein Reden, all sein Drohen, all seine Versprechen waren vergebens. Um nichts in der Welt wollte die Tochter den alten Griesgram heiraten.

Der Gutsherr wartete lange auf eine Antwort, doch schließlich wurde ihm die Sache zu bunt. Er ritt zu dem armen Bauern und ließ ihn wissen, er könne nicht länger warten, die Angelegenheit müsse auf der Stelle erledigt werden. Der Bauer wusste sich keinen Rat und so stimmte er zu, dass der Gutsherr alles für die Hochzeit vorbereiten sollte. Wenn alles bestellt, Pfarrer und Hochzeitsgäste auf dem Hofe wären, wollte der Herr das Mädchen unter einem Vorwand holen lassen. Und wenn sie dann nur die schönen

Hochzeitskleider, die festlich geschmückte Tafel und die versammelten Gäste erblickte, so würde sie der Vermählung schon zustimmen.

Als nun die Gäste eingetroffen waren, rief der Gutsbesitzer einen seiner Knechte und trug ihm auf, zu dem Bauern zu laufen und zu fordern, was er ihm versprochen hatte. »Und wenn du nicht im Handumdrehen wieder mit ihr hier bist«, rief er und drohte dem Jungen mit der Faust, »so will ich dich ...«

Er brauchte den Satz nicht zu beenden, denn schon war der Knecht zur Tür hinaus.

»Mein Herr schickt mich zu holen, was du ihm versprochen hast«, rief er dem Bauern zu, als er keuchend bei dessen Haus angekommen war. »Es ist sehr eilig, der wartet schon mit seinen Gästen.«

»Nun gut, lauf hinunter zum Feld und nimm sie mit«, antwortete der Vater des Mädchens.

Der Knecht machte auf dem Absatz kehrt, und als er zu der Wiese kam, war das Mädchen gerade dabei, das Heu zu bündeln.

»Ich will holen, was dein Vater meinem Herrn versprochen hat«, brachte er atemlos hervor.

»Aha«, sagte sie, »so ist das also. Nun gut – es geht um unsere alte Stute, die dort drüben grast. Geh nur und bring sie deinem Herrn.«

Der Junge sprang auf den Rücken des Pferdes und ritt in flottem Galopp zurück zum Gutshof.

»Hast du sie mitgebracht?«, wollte der Herr wissen.

»Sie steht draußen vor der Tür«, entgegnete der Knecht.

»Dann bring sie hinauf in das Zimmer meiner seligen Mutter«, verlangte der Gutsherr.

»Aber wie könnte ich ...«

»Tu, was ich dir befohlen habe!«, schnaubte der Herr. »Und wenn es dir allein nicht gelingt, sie zu überreden, so hole dir Hilfe.«

Der Knecht bemerkte wohl, wie aufgebracht sein Herr war, und schickte sich an, die Sache zu versuchen. Allein konnte er das Pferd nicht die Treppe hinaufbekommen, aber die Mägde und die anderen Knechte gingen ihm zur Hand. Die einen packten die alte Mähre am Zügel und zogen mit aller Kraft, die anderen schoben von hinten nach, und mit vereinten Kräften bugsierten sie das Tier schließlich in das Zimmer der verstorbenen Mutter des Gutsherrn, wo sie es an den Bettpfosten banden und verschnauften.

Auf dessen Kissen lagen Brautkleid und Schleier aus feinster Spitze.

»So, das wäre geschafft, Herr«, meldete der Knecht und wischte sich den Schweiß von der Stirn. »Aber das war die anstrengendste Arbeit, die ich je auf diesem Hof zu verrichten hatte.«

»Schon gut, schon gut, du sollst dafür belohnt werden«, entgegnete der Gutsherr, zog eine Silbermünze aus der Tasche und gab sie dem Jungen. »Und nun schick die Frauen hinauf, auf dass sie sie ankleiden.«

»Aber wie könnte ich ...«

»Halt den Mund!«, brüllte der Gutsherr. »Sie sollen sie ankleiden und Schleier und Brautstrauß nicht vergessen!«

Der Knecht rannte in die Küche. »Er ist übergeschnappt!«, rief er aufgeregt. »Ihr Frauen sollt hinaufgehen und den alten Gaul ankleiden wie eine Braut!«

»Vielleicht will er seinen Gästen einen Streich spielen«, überlegten sie, gingen nach oben und zwängten das Pferd in die feinen weißen Kleider. Und der Knecht trat vor seinen Herrn und ließ ihn wissen, dass alles getan sei und sie auch Schleier und Brautstrauß nicht vergessen hätten.

»Sehr gut! Nun bring sie nach unten. Ich will an der Tür auf sie warten«, sagte der Gutsherr.

Ein lautes Gepolter drang von der Treppe, als das Pferd hinuntergeführt wurde, dann flog die Tür zu dem Saal auf, in dem der Herr des Hauses und seine Gäste warteten. Und herein stolzierte der alte Gaul im Brautgewand und der Schleier war ihm bis auf die Nüstern gerutscht. Der Pfarrer rang entsetzt nach Luft und die Gäste brachen in schallendes Gelächter aus. Und der Gutsherr? Dem war die Lust aufs Heiraten ein für allemal vergangen. Ob das Mädchen je einen Mann genommen hat, das weiß man nicht.

Märchen aus Norwegen

Fatima und der Traumdieb

von Rafik Schami

Vor langer, langer Zeit lebte eine Witwe mit ihren beiden Kindern, Hassan und Fatima. Ihr Mann, ein armer Holzbauer, war kurz nach der Geburt der Tochter gestorben. Tag für Tag ging die Frau in das nahe Kloster und half dort bei der Wäsche, in der Küche und im Garten, und jeden Abend kehrte sie erschöpft nach Hause zurück, knotete ihr kleines Bündel auf und gab Hassan und Fatima das bisschen Essen, das sie aus dem Kloster mitgebracht hatte.

Als Hassan vierzehn Jahre alt war, wurde die Mutter eines Tages vor Erschöpfung krank.

»Mutter«, sagte Hassan, »wir haben nur noch für zwei Wochen Mehl und Salz, Zwiebeln und Kartoffeln. Ich will hinausgehen und mir Arbeit suchen.«

»Aber mein Sohn, du bist noch ein Kind«, erwiderte die Mutter mit schwacher Stimme.

Hassan zog dennoch hinaus, aber sosehr er sich auch bemühte, er fand den ganzen Tag keine Arbeit. Als es dunkel wurde, sah er in der Ferne die Lichter eines großen Schlosses und eilte dorthin. Es war bereits spät, als Hassan das Tor erreichte. Er klopfte, ein großer Mann öffnete und schaute ihn an.

»Was willst du hier?«, fragte der Mann.

»Haben Sie Arbeit für mich, Herr?«

»Sicher, aber bei mir wirst du es nicht aushalten. Niemand hält es hier länger als eine Woche aus.«

»Ist die Arbeit so schwer?«

»Nein, die Arbeit ist kinderleicht, aber ich mag es nicht, wenn ein Knecht sich ärgert. Bist du oft zornig?«

»Oft nicht, aber manchmal schon.«

»Dann wirst auch du es bei mir nicht aushalten. Sobald du zornig wirst, verlierst du deinen Lohn und wirst auch nie mehr träumen können.«

»Wie viel würden Sie mir zahlen?«, fragte Hassan.

»Wenn du bei mir arbeitest und dich nicht ärgerst, bekommst du in der Woche ein Goldstück. Das kriegst du am Samstagabend. Wenn du dich aber ärgerst, so bekommst du keinen Groschen und verlierst für immer deine Träume. Willst du trotzdem bei mir arbeiten?«

»Ich ärgere mich nie«, sagte Hassan freudig und betrat das Haus.

Schon am selben Abend erklärte der Schlossherr, was Hassan zu tun habe. Er sollte jeden Morgen die dicke Kuh melken, das edle Pferd im Hof zehn Runden am Zügel führen, am Nachmittag den Perserteppich säubern und weiche Kissen darauflegen, den Weihrauch in der kleinen silbernen Schale anzünden und den exotischen Matebrockentee servieren. Das machte Hassan jeden Tag.

Die Arbeit war nicht schwer; er wunderte sich jedoch über das große Schloss. Hundertundein Zimmer zählte er, hundert Zimmer durfte er betreten. Ihre Böden waren aus Marmor, die Wände aus Silber und die Decken aus Gold. Nur ein Zimmer war immer verschlossen. Eine alte, schwarz gekleidete Frau erschien jeden Morgen, putzte bis zum Sonnenuntergang und verließ dann wieder das Haus. Sie war stumm, und ihr finsterer Blick war Hassan unheimlich.

Hassan arbeitete eifrig und lächelte von Tag zu Tag zufriedener. Nacht für Nacht lag er in seinem Kämmerlein unter dem Dach und träumte von dem Augenblick, in dem er seiner Mutter stolz das Goldstück überreichen wollte.

Am frühen Samstagmorgen hüpfte Hassan aus dem Bett und lief in die Küche. Er machte wie an jedem Morgen Feuer im Herd und ging pfeifend in den Kuhstall. Dort melkte er die Kuh und kehrte mit dem Eimer in die Küche zurück. Der Herr wartete bereits auf ihn.

»Einen wunderschönen Morgen wünsche ich Ihnen!«, rief Hassan, doch der Schlossherr lächelte nur merkwürdig.

»Zeig mal her!«, herrschte er seinen Knecht an, riss ihm den Eimer aus der Hand und schaute hinein. »Du hast davon getrunken!«, schrie er.

»Aber Herr, ich trinke nie Milch.«

»Du wagst zu behaupten, dass ich lüge?«, brüllte der Schloßherr.

»Nie im Leben, Herr, ich habe bloß ...« Doch Hasan konnte nicht zu Ende reden, denn der zornige Herr leerte den Milcheimer über seinem Kopf aus. Hassan zitterte vor Wut, doch er biss die Zähne zusammen, als der Schlossherr ihn fragte: »Ärgerst du dich?«

»Nein«, antwortete Hassan und wunderte sich über das teuflische Lachen seines Herrn.

»Wenn du dich nicht ärgerst, ist es nur gut für dich. Geh und führe das Pferd aus.«

Hassan ging davon, er wischte die Milch von seinem Gesicht und kochte innerlich wegen der Schmach.

Draußen war es eiskalt. Die nassen Kleider klebten an seiner Haut. Hassan zitterte. »Bloß nicht ärgern lassen, bloß nicht ...«, murmelte er. Er führte das Pferd am Zügel zehn Runden im großen Hof herum, wie jeden Tag. Seine Finger schmerzten, und seine schlechten Schuhe lösten sich langsam vor Nässe auf. Doch er musste die zehn Runden durchhalten. Halb erfroren trat Hassan in die Küche und wollte seine Hände am Kamin wärmen.

»Du bist heute aber sehr schnell fertig«, donnerte die Stimme des Schlossherrn. »Waren das zehn Runden?«, fragte er und lachte.

»Ja, Herr, es waren zehn Runden.«

»Bist du rechtsherum oder linksherum gegangen?«, fragte der Herr wieder.

Hassan schaute ihn erstaunt an, denn eine solche Frage hatte er nicht erwartet. »Links... nein ... rechtsherum, wie immer.«

»Um Gottes willen!«, rief der Mann entsetzt. »Deshalb ging es meinem edlen Pferd so schlecht. Linksherum musst du gehen, also mach zehn Runden, um die falschen auszugleichen, und dazu zehn richtige Runden, damit mein Pferd sich wieder wohlfühlt.«

»Aber Herr, es ist sehr kalt ...«

»Ein Knecht widerspricht seinem Herrn nicht, es sei denn, er hätte sich geärgert. Hast du dich geärgert?«

»Nein, ich ärgere mich nie!«, flüsterte Hassan und stürzte hinaus. Er zog das Pferd zwanzig Runden linksherum und flüsterte immer wieder: »Bloß nicht ärgern, es ist bald vorbei.«

Als er erschöpft das Pferd in den Stall brachte, stand die stumme Putzfrau da, als hätte sie auf ihn gewartet. Sie blickte ihn mit besorgten Augen an, lief auf ihn zu, drückte fest seine Hände und lächelte, als wollte sie ihm Mut machen. Doch Hassan stieß sie von sich.

»Du bringst mir noch Pech heute, lass mich in Ruhe!«, rief er und eilte ins Haus.

Der Schlossherr rief: »Mach mir gleich meine Sitzecke zurecht!«

Hassan ging mit langsamen Schritten in den großen Raum, wo er jeden Tag den Perserteppich bürstete und die Kissen aufschüttelte, damit der Schlossherr im angenehmen Duft des Weihrauchs seinen Tee genießen konnte. Doch als Hassan den ohnehin sauberen Teppich abgestaubt hatte, trat der Schlossherr mit verdreckten Stiefeln auf den Teppich und ging ein paarmal hin und her, um dann wieder hinauszugehen. Der Teppich war nun richtig schmutzig, und Hassan musste von vorn anfangen. Doch bald betrat der Herr wieder den Raum und verschmutzte erneut den Teppich.

»Aber Herr!«, stöhnte Hassan.

»Was ist?«, lachte der Mann. »Ärgert es dich, dass ich immer wiederkomme? Wenn das so ist, brauchst du es nur zu sagen, dann komme ich nicht mehr.«

»Nein, es ärgert mich überhaupt nicht«, knirschte Hassan und schrubbte weiter.

Erst am späten Nachmittag zog der Schlossherr seine schmutzigen Stiefel aus. Er klopfte auf Hassans müde Schultern und brüllte: »Jetzt ist der Tee fällig!«

Hassan schleppte sich in die Küche. Er kochte den Tee, stellte die Teekanne und die vorgewärmte Tasse auf das silberne Tablett und trug es zum Schlossherrn. Der Matetee duftete anregend, doch als der Mann den ersten Schluck genommen hatte, spuckte er aus und stieß die Tasse fort.

»Was ist das nur für ein Sud? Hast du den guten Tee ausgetrunken und bringst mir stattdessen den zweiten Aufguss?«, schrie er.

»Aber Herr. Bei der Seele meines Vaters! Ich habe keinen Tropfen davon getrunken«, stammelte Hassan ängstlich.

»Du Lügner! Willst du mich quälen?«, rief der Schlossherr und warf mit der Teekanne nach Hassan. Sie traf ihn mitten ins Gesicht und fiel zu Boden.

Hassans Geduld erstarb bei dieser Demütigung. »Genug!«, schrie er und trat die Kanne gegen die Wand. »Was soll das? Jawohl, ich ärgere mich über deine Schweinereien. Ich könnte dich erwürgen! Was glaubst du, wer du bist, hm?!« Hassan schrie, wie er noch nie geschrien hatte, aber den Schlossherrn schien dies nur zu amüsieren. Er wälzte sich auf seinen Kissen vor Lachen. Hassan erkannte nun, dass er verloren hatte. Er verfluchte sein Pech und ging. Die Rufe des Schlossherrn hallten ihm nach: »Deine Träume werden mir schmecken ... deine Träume werden mir schmecken ...!«

Hassan heulte, als er das Schlosstor hinter sich zuschlug. Die alte Frau saß auf einem flachen Stein vor dem Tor. Sie begrub ihren Kopf in den Händen und weinte.

Hassan rannte mit letzter Kraft nach Hause, aber erst um Mitternacht erreichte er das Haus. Er zögerte lange vor der Tür, denn er schämte sich, mit leeren Händen hineinzugehen. Er hörte seine Mutter und Fatima drinnen reden. Endlich fasste er Mut und betrat das Zimmer. Die Freude der beiden war unbeschreiblich, doch Hassan weinte nur und erzählte von seinem Unglück.

»Wenn ich etwas klüger gewesen wäre, so hätte ich den Schlossherrn noch die paar Stunden ertragen. Ich bin dumm.«

»Nein, Bruder, du bist nicht dumm. Warte hier bei der Mutter. Ich will mein Glück versuchen und dir deine Träume zurückholen.«

»Aber Tochter, du bist erst zwölf und so klein und schwach«, klagte die Mutter, doch Fatima machte sich am nächsten Morgen auf den Weg. Sie wusste, dass es im Haus nur noch für eine Woche Vorrat gab. Hassan beschrieb ihr den Weg zum Schloss, und so erreichte es Fatima schon am frühen Nachmittag. Sie klopfte an und wartete.

Das Tor öffnete sich. Die stumme Frau kehrte im Hof. Sie schaute kurz auf, schüttelte den Kopf und arbeitete weiter.

»Ach, wen haben wir denn da?«, rief der Schlossherr. »Ein kleines Mädchen! Hast du dich verirrt oder willst du um ein Stück Brot betteln?«

»Ich hatte gestern einen Traum, und er führte mich in dein Schloss. Ich folgte ihm, und nun bin ich hier«, antwortete Fatima.

»Einen Traum? Und er führte dich zu mir?«

»Ja, Herr, ich soll hier eine Woche arbeiten und reich und glücklich zurückgehen.«

»Bei mir darfst du arbeiten, aber du wirst es nicht aushalten. Denn wenn du dich ärgerst, verlierst du deinen Lohn und deine Träume.«

»Und was bekomme ich für die Woche?«

»Eine Goldmünze«, sagte der Schlossherr.

»Zeig her, was mir gehören soll!«, antwortete Fatima.

Der Schlossherr war erstaunt über ihre Frechheit, doch er zog eine glänzende Goldmünze aus seiner Manteltasche und reichte sie Fatima. Sie nahm die Goldmünze, warf sie mehrmals auf den Boden und horchte auf ihren Klang, dann schaute sie misstrauisch die Münze an und biss in ihre Kante. »Sie ist echt«, bestätigte sie.

»Aber du darfst dich nicht aufregen. Wenn du dich nämlich ärgerst, wirst du gar nichts bekommen und du verlierst deine Träume«, wiederholte der Schlossherr und ließ sie herein.

»Ich ärgere mich nie«, antwortete Fatima und betrat den Hof. »Aber was ist, wenn du dich ärgerst?«

»Ich? Kein Mensch auf der Erde kann mich ärgern!«, rief der Schlossherr amüsiert.

»Aber was ist, wenn du dich doch ärgerst?«, lachte Fatima hell.

»Dann bekommst du zwei Münzen«, antwortete der Schlossherr und zeigte Fatima, was sie zu tun hatte.

Am nächsten Tag arbeitete Fatima, sang und lachte und beobachtete den Schlossherrn, der kurz vor dem Mittagessen das verschlossene Zimmer aufsuchte, für eine kurze Weile hineinging und fröhlich herauskam. Der Tisch deckte sich plötzlich mit den schönsten Gerichten, Früchten und Weinen. Gierig aß der Herr und sang: »Oh, wie gut die Träume schmecken.« Fatima versuchte mit aller Kraft, das Schloss zum geheimnisvollen Zimmer zu öffnen, aber sie schaffte es nicht. Erschöpft fiel sie zu später Stunde auf die Heumatratze in ihrer Kammer und schlief sofort ein.

Am nächsten Morgen grüßte Fatima die alte Frau und lächelte sie an. Als diese sich am Vormittag ermüdet an die Wand im großen Korridor lehnte, ging Fatima zu ihr, streichelte ihre vernarbten Hände und lächelte sie wieder an. Die Frau schaute jedoch weg.

»Hat er dir deine Träume geraubt?«, fragte Fatima.

Die Frau drehte sich zu dem jungen Mädchen, ihre Augen waren voller Tränen. Sie nickte.

»Und deine Worte, hat er sie dir auch gestohlen?«, bohrte Fatima weiter.

Die Frau nickte erneut.

Fatima umarmte sie. »Hab keine Sorge, wir werden einen Weg finden«, tröstete sie die Alte.

Am späten Abend wartete Fatima, bis der Schlossherr ins Bad ging. Sie folgte ihm. Als sie hörte, wie er in der großen Badewanne sang, schlich sie ins Ankleidezimmer. Dort lagen die seidenen Kleider und die goldene Kette mit dem kleinen Schlüssel zum verschlossenen Zimmer. Fatima zog einen Wachsklumpen aus ihrer Tasche und nahm von dem Schlüssel einen Abdruck. Das Blut erstarrte in ihren Adern, als der Schlossherr rief: »Es zieht, es zieht. Ich sehe alles. Bewege dich nicht!« Doch Fatima rannte hinaus und legte sich ins Bett. Nach einer Weile spürte sie, wie der Schlossherr die Tür zu ihrer Kamer öffnete und die Öllampe hochhielt. »Nein, die schläft!«, flüsterte er und ging.

Am nächsten Morgen drückte das Mädchen der alten Frau den Wachsklumpen in die Hand, und diese eilte damit in die Stadt. Am Freitag kam sie und überreichte Fatima einen kleinen Schlüssel aus

Messing. Fatima wartete, bis der Schlossherr schlafen gegangen war. Dann nahm sie den Schlüssel und schlich barfuß zum Zimmer. Ihr Herz klopfte stark, als sie den Schlüssel ins Schloss steckte. Sie drehte ihn um, und siehe da, die Tür öffnete sich. Ein buntes Licht strahlte Fatima entgegen, als sie das Zimmer betrat. Sie blieb wie angewurzelt stehen. Tausende von kleinen bunten Käfigen hingen in dem großen fensterlosen Zimmer. In jedem flatterte hilflos ein Schmetterling. Ihre Flügel schimmerten und strahlten wie zigtausend Sterne. Nur mit Mühe konnte sich das Mädchen von der Schönheit der Schmetterlinge lösen. Sie verließ eilig den Raum.

Am Samstagmorgen grinste der Schlossherr Fatima an: »Wenn du diesen Tag aushältst, dann wirst du um eine Goldmünze reicher!«, rief er und lachte listig.

»Ich träumte, ich würde um zwei Münzen reicher«, erwiderte Fatima.

»Pah! Sieh lieber zu, dass du die Milch holst, bevor sie im Euter meiner teuren Kuh zu Joghurt wird«, befahl der Herr.

Fatima nahm den Eimer, lächelte der alten Frau zu, die vor der Küche den Boden fegte, und ging pfeifend in den Stall. Dort schaute sie die fette Kuh an und sprach: »Was machst du hier? Du arme Kuh! Fressen und schlafen, um gemolken zu werden! Bald wird er dich schlachten, weil du immer weniger Milch gibst. Geh in den Wald, dort ist das Leben gefährlich, aber doch lebenswert.« Sie öffnete bei diesen Worten die Tür, gab der Kuh einen kräftigen Schlag mit der flachen Hand auf den Hintern und kehrte mit dem leeren Eimer ins Haus zurück. Als hätte sie die Worte verstanden, rannte die Kuh schnell in den nahen Wald und verschwand nach einer Weile im Dickicht.

»Was? Du hast die Kuh noch nicht gemolken?«, brüllte der Schlossherr, als er Fatima mit dem leeren Eimer sah.

»Die Kuh hat keine Lust mehr. Ich kam, um sie zu melken, da sprach sie: ›Geh und sage dem fetten Zweibeiner, ich habe keine Lust mehr. Ich haue ab.‹ Das hat sie gesagt!«

»Was? Meine teure Kuh ist fortgelaufen?«, schrie der Mann und sprang vom Sessel auf.

»Ärgerst du dich darüber?«, fragte Fatima und lächelte.

Der Schlossherr bemerkte sofort seinen Fehler. Er grinste: »Nein, ich glaube dir aber nicht. Sattle mir das Pferd. Ich werde hinausreiten und die Kuh fragen, ob sie dir das gesagt hat, und wenn du gelogen hast, dann musst du den Stall mit deiner Zunge putzen, aber ohne dich zu ärgern. Beeile dich, ich habe keine Zeit.«

Fatima eilte in den Stall. Sie befreite das Pferd vom Zügel und sagte: »Pferd, schau, wie schön du ohne Zügel ausschaust. Draußen sind Berge und Flüsse, die deine Hufe begehren. Geh! Was willst du in dem stinkenden Stall?« Bei diesen Worten gab sie ihm einen Klaps auf den Hintern, und das Pferd rannte jwie ein Pfeil davon.

»Das Pferd«, sagte Fatima, als sie zum Herrn zurückkehrte, »hatte keine Lust mehr, dich zu tragen. Es sagte, du seist viel zu schwer für seinen Rücken. Das Pferd will lieber die Welt bereisen.«

»Ich werde verrückt. Mein edles Pferd ist weg! Ich hör wohl nicht richtig!«, schrie der Schlossherr.

»Doch, doch, aber ich sehe schon, du ärgerst dich«, lachte Fatima.

»Nein!«, brüllte er. »Kühe und Pferde sind käuflich, und was ich mit meinem vielen Gold erwerben kann, das kann mich nie ärgern. Nun geh und mache mir einen Tee.«

»Jetzt schon?«

»Ja, jetzt!«

»Ich habe aber noch nicht gefrühstückt«, antwortete Fatima und nahm den Brotlaib aus dem Korb.

»Ich habe vergessen«, heuchelte der Schlossherr, »dir zu sagen,

dass meine Knechte am Samstag nicht essen dürfen. Lass das Brot und beeile dich, mir einen Tee zu kochen.«

»Wenn ich nicht esse, werde ich schwerhörig und vergesslich. Was hast du zuletzt gesagt?«

»Matebrockentee!«, brüllte der Schlossherr.

»Komisch! Den willst du trinken?«

»Was ist daran komisch? Ich trinke ihn jeden Tag«, erwiderte der Herr laut.

»Bist du sicher?«

»Ja!«, stöhnte er.

Fatima werkelte eine Weile am Herd und kehrte mit einer großen, dampfenden Kanne zurück. Der Herr nahm einen Schluck und musste sofort husten und spucken. »Was ist das denn?«, schrie er und wischte sich angewidert den Mund.

»Altesockentee«, antwortete Fatima.

»Was hast du gekocht?«

»Alte Socken. Ich habe mich auch gewundert und dachte, ich irre mich, doch du hast gesagt, jawohl, ich will das trinken.«

»Ich habe ›Matebrocken‹ und nicht ›alte Socken‹ gesagt«, knurrte der Schlossherr.

»Entschuldige mich bitte. Mein leerer Magen betäubt meine Ohren. Ärgerst du dich jetzt?«, fragte Fatima.

»Nein!«, lachte der Herr verbittert.

»Doch, du ärgerst dich«, entgegnete Fatima und eilte hinaus.

Die alte Frau strahlte ihr entgegen.

»Nur noch ein paar Stunden und dann wirst du deine Träume wiederhaben«, flüsterte Fatima und half der Frau bei ihrer Arbeit auf dem Hof.

Kurz vor Mittag hielt sie inne und schaute die Frau an. »Jetzt ist es so weit.«

Die Frau ließ den Besen fallen und eilte mit Fatima ins Haus. Fatima öffnete die Tür zum Gefängnis der Schmetterlinge und befreite sie alle aus ihren Käfigen. Sie flatterten aus dem Zimmer und flogen aus dem Haus hinaus wie ein Bündel Farben. Zwei Schmetterlinge landeten auf dem Kopf und dem Mund der alten Frau, küssten sie, und die Frau lachte und sprach: »Mein Name ist Mariam.«

Fatima und Mariam fielen sich in die Arme, und als sie dem letzten Schmetterling ans Licht geholfen hatten, schlossen sie leise die Tür und gingen.

Es dauerte nicht lange, bis sie das Gebrüll des Schlossherrn hörten. »Wo sind die Träume? Wer hat sie gestohlen? Wie soll ich jetzt noch essen?«

Mariam zischte: »Warte, du dickes Schwein, wenn du erst meinen Besen schmeckst!«

Fatima bog sich vor Lachen, als der Schlossherr plötzlich an der Türschwelle stand und die sprechende Mariam anstarrte.

»Du ... ka... kannst... wie... wieder sprechen?«

»Bist du taub geworden, du Esel?«, antwortete Fatima und schüttelte sich vor Lachen.

»Du hast also die Schmetterlinge geraubt!«, sprach der Herr mit trockener Kehle.

»Und du hast dich geärgert. Gib es zu!«, rief Fatima.

»Jawohl, das hat mich geärgert, aber du wirst keinen Groschen sehen, weil du eine Diebin bist!«, empörte sich der Schlossherr.

Fatima griff nach einem kräftigen Stock, und Mariam nahm den Besen. »Das werden wir sehen«, sagten sie und schlugen so lange auf den Mann ein, bis er um Gnade bettelte und jeder von ihnen zehn Goldstücke gab.

Mariam umarmte Fatima, küsste sie und tanzte mit ihr im Kreis, dann aber eilte sie davon. »Leb wohl, tapferes Mädchen!«, rief sie immer wieder, bis sie hinter dem Hügel verschwand.

Fatima ging geradewegs durch den Wald, als sie das Pferd wiehern hörte, das ihr entgegengetrabt kam. Fatima sprang auf das Pferd und ritt davon.

Es war schon dunkel, als sie ihre Hütte erreichte. Sie freute sich über die Genesung ihrer Mutter und die Freude ihres Bruders. Tagelang hatte er nicht schlafen können, bis an diesem Tag ein bunter Schmetterling ins Haus flatterte und ihn auf die Stirn küsste, um danach wieder in den blauen Himmel aufzusteigen. Der Junge war sofort in einen tiefen Schlaf gefallen und hatte von Fatima geträumt.

Die Mutter kochte den feinen Matetee, den Fatima mitgebracht hatte, und sie hörte mit Hassan bis tief in die Nacht die Geschichte, die ich gerade zu Ende erzählt habe.

Mathilde und die Geisterfrau

von Dagmar H. Mueller

Vor sehr langer Zeit hat es auf Burg Krähennest regelmäßig gespukt.

Es hat sogar so grässlich unheimlich gespukt, dass die mutigsten Ritter und die stärksten Burgfräulein mitten in den stürmischsten Nächten glatt weggelaufen sind. Barfuß, im Nachthemd und mit ihren Kopfkissen in der Hand, die sie sich verzweifelt auf die Ohren drückten, um das schaurige Geheul nicht mehr hören zu müssen.

Dort draußen auf den Burgwiesen standen sie dann stundenlang bibbernd und zitternd und zähneklappernd herum – gerne auch in strömendem Regen oder beißendem Wind –, bis es wieder hell wurde und sich der Spuk verzog. Denn alles, ja wirklich alles, war leichter auszuhalten als das schaurige Spuken des Gespenstes von Burg Krähennest.

Ja, solange es draußen sanft und sonnig und schön war, gab es keine Probleme. Sobald aber das Wetter etwas unfreundlicher wurde, legte Gertrud, die Geisterfrau, los! Sie war es nämlich, die dann nachts um die alten Burgmauern flog und heulte. So erbärmlich, so laut und so gruselig, dass keiner auf der Burg auch nur an Schlaf hätte denken können.

So ging es viele Hundert Jahre. Bis ..., ja, bis Mathilde, die Tochter von Freunden des Burgherrn, die gerade zu Besuch auf Burg Krähennest waren, eines Nachts ebenfalls aufwachte.

Es war eine besonders kalte, besonders stürmische und besonders regnerische Nacht. Das Wasser peitschte auf das Burgdach, der Wind rüttelte an den Türen und Mathilde war froh, dass sie sich die warme Decke ihres Bettes bis dicht unter das Kinn ziehen konnte. Dann hörte sie plötzlich Gertrud heulen.

»Wuihaaahiiiihuuuuu!«, heulte Gertrud. Schauriger als je.

Mathilde setzte sich kerzengerade auf im Bett.

»Wuaaaahuuuuaaaahuuuiiiiii!«

Aber statt sich jetzt ihr Kissen auf die Ohren zu drücken und, wie die meisten Gäste, so schnell sie konnte wegzulaufen, lauschte Mathilde. Sehr genau lauschte sie. Und deshalb wurde sie beim Lauschen richtig traurig.

Die arme Gertrud!, dachte Mathilde. Denn sie hatte natürlich schon von Gertrud gehört. Schließlich erzählte man sich von der Geisterfrau noch tausend Kilometer entfernt die scheußlichsten Geschichten.

Doch Mathilde dachte im Moment an keine einzige dieser Geschichten. Sie hörte nur dem schaurigen Heulen zu.

Wie kalt und ungemütlich musste es da draußen jetzt sein!, dachte Mathilde. Und wie gemein, dass alle anderen in warmen Betten lagen, während Gertrud immer nur draußen um die Burg herum spuken konnte! Kein Wunder, dass sie so heulte!

Mathilde stellte sich vor, wie Gertrud in eisigem Wind und Unwetter jede Nacht einsam und allein um dieselben Ecken der Burg fegte. Wieder und wieder. Tag für Tag. Jahrhundert für Jahrhundert. Und niemals kam auch nur ein Einziger auf die Idee, ihr Gesellschaft zu leisten. Nein, jeder schrie nur bei ihrem Anblick panisch auf und nahm sofort Reißaus.

Bei dieser Vorstellung wurde Mathilde so traurig, dass sie überhaupt nicht mehr dazu kam, Angst zu kriegen.

Und dann hatte sie eine Idee.

Sie schnappte sich eine Kerze, lief nach draußen und rief mitten in den Sturm hinein, so laut sie konnte: »GERTRUD! Komm her! Du kannst in meinem Zimmer schlafen! Es ist warm und trocken und bestimmt viel netter als dort draußen!«

Und tatsächlich hörte das Heulen augenblicklich auf. Gertrud schwebte mit erstauntem Gesichtsausdruck heran, lächelte Mathilde dankbar zu und war mit einem Luftzug, der wie ein kleines, erleichtertes Seufzen klang, in dem Zimmer verschwunden. Sie sank auf das Bett nieder und schlief sofort ein. Tief und fest und ohne auch nur noch ein einziges Mal »Huh« oder »Buh« gesagt zu haben.

Was natürlich auch kein Wunder ist, wenn man bedenkt, wie anstrengend es ist, die ganze Nacht durch in Regen und Sturmwind

auf und nieder zu fliegen und dabei auch noch laut und grässlich zu heulen.

Ja, Gertrud schlief und schlief und schlief. Und manche Leute behaupten heutzutage ganz ernsthaft, dass sie sie gelegentlich noch schnarchen hören können. Aber ich glaube, das ist kompletter Unsinn. Denn Gertrud war eine äußerst wohlerzogene Geisterfrau und schnarchte deshalb ganz sicher nicht.

Mathilde jedenfalls schlüpfte damals für den Rest der Nacht in das große Bett ihrer Eltern. Was sie gar nicht schlecht fand, denn da war es sowieso viel gemütlicher.

Am nächsten Morgen war der Burgherr beeindruckt, wie einfach Mathilde das Problem gelöst hatte. Und weil er Gertrud nicht wieder unglücklich machen wollte, oder vielleicht auch einfach, weil er nicht wollte, dass ihm die Gäste regelmäßig davonliefen, sobald auch nur ein paar Regentropfen fielen, ließ er von nun an die Tür zu einem seiner Gästezimmer einen Spaltbreit offen. Sodass Gertrud, wann immer sie wollte, bequem hinein- und hinausschlüpfen konnte und sich, wie alle anderen auf der Welt, in den ungemütlichsten Nächten einfach in ein warmes Bett kuscheln und jedes Unwetter bequem überschlafen konnte.

Tja, und wie ihr euch denken könnt, hat man von genau dem Tage an nie wieder auch nur das kleinste bisschen grässliches Geheul auf Burg Krähennest gehört.

Nur vielleicht ab und zu ein paar klitzekleine Schnarcher ...

Jenny

von Achim Bröger

»Ich fahr in die Stadt zum Einkaufen«, sagt Mutter.

»Kannst du das nicht morgen machen?«, frage ich.

Aber sie schüttelt den Kopf und erklärt mir: »Nein. Ich muss heute fahren. Morgen soll ich mit Meike zur Untersuchung ins Krankenhaus. Das dauert bestimmt wieder endlos.«

Na gut, ich bleibe also hier. Aber wirklich nicht gerne. Eigentlich wollten wir nämlich mit den Rädern wegfahren, Jenny, Tim und ich. Die beiden werden's tun. Ich nicht.

Mutter drückt mir einen schnellen Abschiedskuss auf die Backe, nimmt ihre Einkaufstasche und geht. An der Tür bleibt sie kurz stehen und sagt: »Vergiss nicht, Meike die Tablette zu geben.« Dann ist sie draußen.

Und ich sitze in der Küche und darf nicht mit den anderen wegfahren. Ich weiß schon, einer muss auf meine kleine Schwester aufpassen. Aber was heißt hier klein? Fast so groß wie ich ist Meike. Und ich bin nur ein bisschen kleiner als meine Mutter.

Da kommt Meike schon, steht in der Tür und sagt: »He.« Dazu lächelt sie. Jetzt drückt sie den Lichtschalter, knipst ihn an und aus. Sieht auf ihre Hand und zur Lampe. Noch mal und noch mal macht sie das. »Licht«, sagt sie und redet dann weiter.

Was sie noch redet, verstehe ich nicht. Das klingt, als würde sie eine andere Sprache sprechen. Eine, die nur sie versteht. Bei ganz kleinen Kindern hört sich das ähnlich an. Aber Meike ist ja groß. Trotzdem kann sie kaum mehr sprechen als ein Kleinkind. Sie hat bei ihrer Geburt nämlich mal einige Zeit keine Luft bekommen. Dabei ist irgendwas mit ihrem Gehirn passiert. Deswegen muss sie auch gleich wieder die Tablette schlucken. Ohne die wird sie ganz aufgeregt.

Meike ist aus dem Zimmer gegangen. Ich höre eine Tür zufallen.

Wohin hat Mutter die Tabletten nur gelegt? Die Schachtel steht doch sonst immer im Regal neben dem Herd. Da finde ich sie aber nicht und auch nicht im Küchenschrank. Aber sie braucht die Tablette jetzt.

»Meike!«, rufe ich und bekomme keine Antwort. In ihrem Zimmer steckt sie nicht. Dafür sehe ich auf ihrem Schrank die Tablettenschachtel. Und dann schreit Meike. Ich erschrecke, renne zum Badezimmer und reiß die Tür auf.

Da steht meine Schwester, zeigt zum Klo. Die Wasserspülung läuft und eine halbe Rolle Klopapier liegt abgerollt auf den Fußbodenkacheln. Die andere Hälfte hat sie wohl ins Klo geworfen. Jedenfalls ist es verstopft.

Ich bin sauer, rolle das restliche Papier auf und hoffe, dass das Wasser doch noch abläuft. Wenn nicht, werde ich den Abfluss schon irgendwie freibekommen, beruhige ich mich.

So ... und jetzt die Tablette. Die schluckt sie sofort.

Ich will mich nicht über Meike ärgern. Auch nicht darüber, dass ich nicht mit den anderen wegfahren kann. Aber trotzdem möchte ich weg und ärgere mich, dass ich's nicht darf.

Meike hat sich ein Stück Watte aus dem Wattebeutel meiner Mutter gezupft und pustet dagegen. Das Wattestück fliegt wie 'ne große Schneeflocke und fällt langsam und weich auf den Kachelboden.

»Komm«, sage ich. Meike guckt zum Klo, dann zu mir. Ich nehme sie einfach am Arm. Da geht sie mit.

An der Tür ihres Zimmers bleibt sie stehen und drückt den Griff ein paarmal. »Papa«, sagt sie. Das ist auch so 'n Wort, das sie gelernt hat. Warum fällt ihr das gerade eben ein? Hat er mal den Türgriff repariert und sie hat dabei zugesehen? Ich weiß einfach oft nicht, was sie meint.

Jetzt guckt sie den Griff auf der anderen Seite der Tür an, drückt ihn und schmeißt die Tür mit Wucht zu.

»Das sollst du nicht!«, schimpfe ich. Die nervt mal wieder.

Eigentlich könnte ich ein bisschen mit ihr rausgehen. Das macht sie ganz gern. »Meike!«, rufe ich. Sie hat wohl gemerkt, dass ich sauer auf sie bin, und verzieht das Gesicht.

Ich halte ihr einfach die Jacke hin. Sie schlüpft rein und rennt sofort zum Stuhl im Flur. Auf den setzt sie sich, damit ich ihr die Schuhe anziehe und zubinde. »Weggehen«, sage ich.

»Da«, sagt sie und freut sich. Schade, dass ich nicht wenigstens manchmal mit ihr reden kann. Richtig reden, meine ich. Aber sie schafft eben nicht mehr als ein paar Wörter.

Auf der Treppe poltert sie mächtig. »Psst«, mache ich. Die Nachbarn beschweren sich nämlich, wenn sie laut ist. Meike kann sich einfach nicht merken, dass sie das nicht sein soll.

Und dann sind wir draußen, meine große kleine Schwester und

ich. Jenny spielt am Hauseingang gegenüber. Eigentlich ist sie meine beste Freundin. Sie sieht mich und rennt zu mir.

»Hallo«, sagt sie. »Kommst du nachher mit?«

»Geht heute nicht«, sage ich.

»Musst du wieder aufpassen?«, stöhnt Jenny und ich nicke. Es ist komisch, wie sie Meike ansieht. Sie versteht irgendwie nicht, dass meine Schwester kaum was reden kann. Das passt einfach nicht in Jennys Kopf. »Tschüss«, sagt Jenny.

»Tschüss«, sage ich, und weg ist sie.

Plötzlich guckt mich Meike an. Sie verzieht ihr Gesicht, als würde sie sich anstrengen, und sagt: »Jenny ...« Zwar undeutlich, aber ich versteh's.

Sie hat Jenny gesagt. Zum ersten Mal. Die kennt sie ja auch, hat sie schon oft gesehen.

Am liebsten möchte ich hinter Jenny herrennen und ihr erzählen: »Meike sagt ›Jenny‹.« Aber für Jenny ist das sicher nichts Besonderes, für mich schon. Und meine Eltern werden sich riesig freuen, wenn sie das hören.

Ein ganzes neues Wort hat Meike gelernt.

Vor zwei Jahren dachten wir nie, dass sie überhaupt mal Wörter sprechen könnte. Ich möchte einen Purzelbaum schlagen auf dem Asphalt und tu es natürlich nicht. Dafür tipp ich Meike gegen die Schulter. »Jenny«, sage ich, damit sie ihr neues Wort nicht vergisst.

»Jenny«, sagt sie. Und jetzt freu ich mich riesig, dass ich bei ihr geblieben bin.

Jenny. Ein tolles Meikewort. Dabei ist es eigentlich schwer zu sprechen. Jenny. Das Wort klingt für mich, als hätte es eine kleine Sonne in sich. Ich fass Meike an der Hand. Hoffentlich vergisst sie ihr neues Wort nicht. »Jenny«, sage ich.

»Jenny«, sagt sie. Ganz laut und fast deutlich.

Immer diese Monster

von Edith Schreiber-Wicke

»Meine lieben grässlichen, furchterregenden, Schreck verbreitenden Freunde«, begann Big Monster seine Ansprache. Er schaute auf die bunte Versammlung unterschiedlichster Monster. »Wir können uns über schöne Erfolge freuen. Wir verbreiten Angst vor den eigenen Fehlern, vor der Schadenfreude anderer, vor dem Alleinsein. Vor Albträumen, Dunkelheit, Strafe. Vor Fledermäusen, Schlangen, Spinnen. Ja, meine lieben Schrecklichen, wir könnten wirklich zufrieden sein.«

BIG MONSTERS finsteres Gesicht verfinsterte sich noch mehr.

»Wenn da nicht dieses eine Kind wäre. Ihr wisst schon, welches ich meine.«

Allgemeines Nicken und beistimmendes Grunzen zeigte, dass BIG MONSTERS Zuhörer wussten, von wem die Rede war.

»Ich sehe, wir verstehen uns. Einige von euch haben schon ihr Bestes gegeben, um die Zielperson in Angst und Schrecken zu versetzen. Ohne den geringsten Erfolg. Andere Kinder zittern, laufen davon, verstecken sich, wollen nur mehr bei Licht einschlafen, kauen an den Fingernägeln oder pinkeln ins Bett. Alles aus Angst vor uns. Aber nicht dieses unmögliche Kind.«

Unheilvolle Stille senkte sich über die Versammlung.

DER GREIFER meldete sich zu Wort. Er war erst vor Kurzem einem düsteren Videospiel entstiegen. »Lasst mich nur machen. Ich sage nur: Überraschungsangriff. Vertraute Umgebung, heller Tag, das Opfer ahnt nicht das Geringste. Dann kommt mein Auftritt ...« Sein Grinsen war schrecklich anzusehen. »Ich garantiere euch: Ab morgen hat sie Angst vor dem Alleinsein. Schwarzes Ehrenwort.«

Als Svenja am Nachmittag in ihr Zimmer kam, stand sie ohne Vorwarnung einem Monster gegenüber.

Wer unvermutet einem Monster begegnet, wird vor Schreck ohnmächtig. Oder schreit laut und rennt weg. Je nachdem.

Aber Svenja musste sich zunächst um Langohr kümmern, ihren Stoffhasen, der heftig zitterte.

»Da ift ein Monfter«, bibberte er. »Und wir find ganf allein pfu Haufe! Warum find wir nicht mitgegangen in den Fupermarkt!«

»Weil wir keine Lust hatten«, sagte Svenja. »Und das da ist doch bloß der Schatten von der Palme dort.«

»Aber ef heult, daf Monfter«, widersprach Langohr.

»Was du hörst, ist nur der Wind«, sagte Svenja.

DER GREIFER wirkte verstört.

»War wohl nichts?«, fragte BIG MONSTER.

»Sie hat mich für eine Topfpflanze gehalten«, sagte DER GREIFER finster. »Und meine berühmt grässliche Stimme für simples Windgeheule. Dieses Kind ist von einer Angstlosigkeit, die nicht mehr normal ist. So macht es doch keinen Spaß mehr, Monster zu sein.«

»Ganz falsche Tageszeit«, sagte DER SCHLEICHER ein wenig von oben herab. »Monstereiner braucht die Finsternis. Sie verstärkt unsere Wirkung enorm. Verlasst euch auf mich.« DER SCHLEICHER klang sehr selbstbewusst. »Ab morgen hat das gute Kind garantiert Angst vor der Dunkelheit.«

Svenja wachte davon auf, dass Langohr sie an den Haaren zog.

»Ich glaube, da ift schon wieder ein Monfter«, flüsterte er.

Svenja setzte sich auf. Im Halbdunkel sah sie ein riesiges Etwas, das sich drohend näherte.

Svenja griff nach der Taschenlampe, die sie immer bereitliegen hatte. Für Stromausfälle. Oder um unter der Decke noch ein Bilderbuch anzuschauen. Sie richtete den Lichtstrahl auf das Monster, das einen Augenblick schwankend stehen blieb und sich dann in den Kleiderständer verwandelte, auf dem ein buntes Durcheinander von Jacken, Mützen und Taschen hing.

»Siehst du, Langohr?«, sagte Svenja. »Was du für ein Monster gehalten hast, ist der Kleiderständer dort, nichts weiter.«

»Tatfächlich«, staunte Langohr.

»Schau ich vielleicht aus wie ein Ding, an das man Mäntel und Hüte hängt?«, fragte DER SCHLEICHER ergrimmt, als er wieder zurück bei den anderen war.

Ein anderes Monster öffnete jetzt sein großes Maul und zeigte eine Menge gefährlich wirkender Zähne. »Ich werde euch zeigen, wie man so etwas macht. Es geht doch nach wie vor nichts über einen ordentlichen ausweglosen Albtraum. Schon sehr bald hat dieses angeblich angstlose Kind schreckliche Angst vor dem Einschlafen. So wahr ich DER BEISSER bin.«

»Jetzt schlaf gut«, sagte Svenjas Vater nach dem Ende der Geschichte, die er vorgelesen hatte.

»Träum was Schönes«, sagte Svenjas Mutter.

»Und wenn nicht?«, fragte Svenja. »Wenn ich was Unschönes träume? Von Monstern zum Beispiel?«

»Dann lach sie aus. Das vertragen Monster am allerwenigsten«, sagte Svenjas Mutter. »Hast du denn neuerdings Angst vor Monstern?«

»Ich nicht, aber Langohr. Der ist ein ziemlicher Angsthase. Zum Glück hat er mich.«

Svenja deckte Langohr zu und war bald darauf eingeschlafen.

Im Traum ging sie durch eine enge Gasse. Plötzlich wuchs aus den Pflastersteinen ein Monster und stellte sich ihnen in den Weg. Hohe Mauern auf beiden Seiten machten eine Flucht unmöglich.

»Waf machen wir blof?«, jammerte Langohr. »Daf ift ein Monfter. Ef wird unf beiffen!«

Das Monster kam immer näher, sein Maul mir den viel zu vielen Zähnen weit aufgerissen.

»Du machst wohl Werbung für Zahnpasta«, sagte Svenja. »Wart mal – ich hab einen Werbespruch für dich: Nimm Monster-Weiß vor jedem Beiß!«

Das Monster klappte verblüfft das Maul zu, schüttelte sich und verschwand.

Hat ihm wohl nicht gefallen, mein Spruch, dachte Svenja und lächelte im Schlaf.

»Mir reicht es«, sagte DER BEISSER. »Ich geh zurück in den Horrorfilm, aus dem ich gekommen bin. Wo sich alle so schön vor mir gefürchtet haben.«

»Und ich in das dicke Buch, an die Stelle, wo immer alle Gänsehaut kriegen«, sagte DER SCHLEICHER.

»Im Videospiel war ich unschlagbar«, murrte DER GREIFER. »Dieses Kind hat einfach keine Ahnung, was Angst ist.«

BIG MONSTER blies nachdenklich etwas Feuer aus den Nüstern. »Das kann äußerst gefährlich sein.«

Svenja saß auf den Stufen vor der Schule. Ihre Mutter hatte sich wieder einmal verspätet.

»Jepft find wir gampf allein«, sagte Langohr. Alle anderen Kinder waren längst abgeholt worden.

»Macht doch nichts, Langohr«, sagte Svenja. »Wir warten eben.« Sie holte ein Bilderbuch aus der Schultasche.

Svenja war so vertieft in die Geschichte, dass sie die Schritte nicht hörte. Als plötzlich ein Schatten auf die Seiten des Buches fiel, schaute sie überrascht auf.

»Hallo!« Der Mann stand direkt vor ihr. Er lächelte freundlich auf

sie hinunter. »So allein, kleines Mädchen? Deine Eltern haben wohl vergessen, dich abzuholen?«

Svenja spürte Kälte im Magen und etwas Raues im Hals. Es war ein ganz neues Gefühl für sie. Und es war äußerst unangenehm. Das muss Angst sein, dachte sie.

»Ich könnte dich nach Hause bringen«, sagte der Mann. »Mein Auto steht gleich da drüben.«

Svenja holte tief Luft. Was dann zu hören war, klang monstermäßig laut und war weithin zu hören. Ein Fenster im Schulgebäude öffnete sich, Passanten auf der Straße drehten sich um.

Der Mann lächelte gar nicht mehr, sondern verschwand mit raschen Schritten.

»Waf war den daf?«, rief Langohr verblüfft.

»Das war mein allerbester lautester Monsterschrei«, sagte Svenja. »Man braucht eine Menge Mut dafür.«

»Aber wiefo denn? Der nette Mann wollte unf doch nur nach Haufe bringen!«, meinte Langohr.

»Du musst noch viel lernen, Langohr«, sagte Svenja. Sie packte ihr Buch in die Tasche und ging die Stufen hinunter. Das Auto ihrer Mutter hielt eben in der Einfahrt.

»Ich weiß, ich bin zu spät. Tut mir leid«, sagte Svenjas Mutter.

»Macht doch nichts«, antwortete Svenja. »Bloß Langohr wäre fast mit jemandem mitgegangen. Zum Glück hat er mich.«

Sie kletterte ins Auto und erzählte.

Die Prinzessin vom gläsernen Turm

von Sigrid Heuck

Es war einmal ein kleines Mädchen, das hieß – ja, wie hieß es denn eigentlich? Genau genommen erinnerte sich niemand daran, denn seine Eltern und alle anderen Leute, die es kannten, riefen es immer nur »Prinzessin«.

Dieses Mädchen lebte in einem Wolkenkratzer, der im Volksmund »Gläserner Turm« genannt wurde, weil seine Fassade fast nur aus Fenstern bestand.

Die Prinzessin vom gläsernen Turm schlief im achtunddreißigsten Stock. Im neununddreißigsten hielt sie sich auf, wenn es kalt war oder regnete, und im vierzigsten, wenn die Sonne schien. Das vierzigste Stockwerk war nämlich das Dach. Dort befand sich ein herrlicher Garten. Blumen wuchsen da, Kohlköpfe, Grasbüschel und in den Ecken auch etwas Unkraut. Das Allerschönste in dem Garten war ein riesiger Baum. Sein Stamm war so dick, dass die Prinzessin ihn nicht umarmen konnte. Rundherum ragten die Äste weit über den Stamm hinaus und die Blätter an seinen Zweigen wuchsen so dicht neben- und übereinander, dass ein Regentropfen nur selten den Boden erreichte. In seiner Krone ruhten sich viele Zugvögel aus, wenn sie müde waren.

Die Prinzessin vom gläsernen Turm war viel allein. Sie hatte keine Geschwister, und weil sie so hoch oben wohnte, auch keine Freunde. Ihre Eltern hatten nur wenig Zeit, um mit ihr zu spielen, denn tagsüber telefonierten sie viel und abends sahen sie fern.

Das war der Grund, warum sich ihre kleine Tochter oft einsam fühlte. Sie hockte sich dann in den Schatten des großen Baumes und las. Am liebsten las sie dicke Märchenbücher. Da kamen Elfen drin vor und Feen, Zwerge, Zauberer, Wasserfrauen, Riesen und Hexen.

Eines Tages, als sie wieder einmal auf der Bank in ihrem Garten saß, seufzte sie halblaut: »Ach, wenn ich doch einmal selbst eine

Elfe oder eine Nixe sein könnte! Eine Fee oder ein Riese täten's auch. Am liebsten würde ich selbst ein wenig zaubern!«

Das hörte ein Zaubervogel, der sich gerade auf einem Ast niedergelassen hatte. »Diesen Wunsch kann ich dir erfüllen«, zwitscherte er.

Die Prinzessin verstand seine Worte, denn sie gehörte zu den wenigen überdurchschnittlich begabten Menschenkindern, die die Zaubervogelsprache beherrschen.

»Mach dich bloß nicht lustig über mich!«, rief sie entrüstet. »Und versprich nichts, was du nicht halten kannst.«

»Das geht ganz einfach«, sagte der Vogel. »Du brauchst nur einen Zauberstab dazu.«

»Einen Zauberstab?«, rief die Prinzessin verwundert. »Wo soll ich den denn hernehmen?«

»Aber du hast ja schon einen, weißt du das nicht?«

»Woher soll ich das wissen?«

»Dann lauf mal schnell in die Küche und hol dir den großen Kochlöffel! Den mit dem Loch in der Mitte.«

»Der soll ein Zauberstab sein?«, rief die kleine Prinzessin verwundert und rannte, so schnell sie konnte, davon, um den Kochlöffel zu holen.

»Das ist er«, sagte der Vogel. »Jetzt musst du noch einen Spruch auswendig lernen, dann kann's losgehen!« Er zwitscherte ihr den Zauberspruch so lange vor, bis sie ihn auswendig gelernt hatte:

Lirum, larum, Löffelstiel.
Alte Damen essen viel.
Junge müssen fasten.
Komm aus deinem Kasten!
Mach, was ich dir sage,
ohne eine Frage!

Und anschließend, versicherte ihr der Vogel, könnte sie sich wünschen, was sie wollte. Entweder: Mach mich zu einem Zwerg, oder: Mach mich zu einem Riesen, oder was ihr sonst noch einfiel. Sie konnte ihm aber auch befehlen, sie irgendwohin zu bringen oder irgendetwas herzuzaubern.

»Oh, vielen Dank, Zaubervogel!«, rief das kleine Mädchen glücklich. Doch der Zaubervogel war schon davongeflattert.

Da begann sich die Prinzessin vom gläsernen Turm zu überlegen, was sie sich wünschen könnte. Erst mal runter in die Stadt und einen Freund suchen, dachte sie, denn zu zweit fällt uns mehr ein. Sie setzte sich auf den Kochlöffel und rief laut:

Lirum, larum, Löffelstiel.
Alte Damen essen viel.
Junge müssen fasten.
Komm aus deinem Kasten!
Mach, was ich dir sage,
ohne eine Frage:
Trag mich in die Stadt hinunter!

Da erhob sich der Kochlöffel mit ihr und schwebte vom vierzigsten Stock hinunter auf die Straße.

Auf einmal hasteten viele Fußgänger um sie herum, Autos hupten, Bremsen kreischten und irgendwo trillerte jemand auf einer Pfeife.

Zuerst steckte sich die Prinzessin vom gläsernen Turm den Kochlöffel in den Hosenbund, so, wie es in vielen Ritterfilmen die Ritter mit ihren Schwertern machten. Dann sah sie sich um und blieb verwirrt und ängstlich stehen. Sie machte ein paar Schritte vorwärts, prallte mit jemandem zusammen, stolperte und wäre beinahe hingefallen.

»Pass doch auf!«, rief ein Junge entrüstet. »Du stehst mir im Weg!«

»Wie redest du mit einer Prinzessin«, entgegnete ihm das kleine Mädchen.

»Du, eine Prinzessin! Dass ich nicht lache! Wenn du das wirklich bist, dann zeig mir dein Schloss!«

»Nichts leichter als das«, erklärte ihm die Prinzessin vom gläsernen Turm und sah sich um. »Dort ist ein Park, und wo ein Park ist, ist sicher auch ein Spielplatz mit einem Sandkasten. Läufst du um die Wette mit mir?«

So schnell sie konnten, rannten sie los und kamen zur gleichen Zeit vor dem Sandkasten an.

»Ich war Erster!«, brüllte der Junge stolz.

»Du irrst dich«, erwiderte das Mädchen. »Ich war schon vor dir da!«

»Nein, ich!«

»Nein, ich!«

So ging es eine Weile hin und her, bis es der Prinzessin zu dumm wurde. »Ich dachte, du wolltest mein Schloss sehen?«, erinnerte sie den Jungen an seinen Wunsch.

»Ja, ja, aber ich sehe hier nirgends ein Schloss!«

»Hach, bist du ungeduldig. Hol mir lieber ein Eimerchen voll Wasser!«

Mit dem Wasser, das der Junge ihr brachte, befeuchtete die Prinzessin den Sand, knetete ihn mit den Händen und begann einen hohen Turm zu bauen, ein großes und ein kleines Haus und drum herum eine dicke Mauer.

Zuerst sah ihr der Junge nur zu, später half er ihr dabei.

»Dann ist dein Schloss nur aus Sand«, stellte er enttäuscht fest. »Ich hab gedacht, es sei eines, in das man hineingehen kann.«

»Wart's ab!«, ermahnte ihn die Prinzessin. Dann nahm sie ihren Kochlöffel in die Hand, schwenkte ihn über dem Sandschloss und rief:

Lirum, larum, Löffelstiel!
Alte Damen essen viel.
Junge müssen fasten.

Komm aus deinem Kasten!
Mach, was ich dir sage,
ohne eine Frage!

Und sie fügte hinzu: »Verwandle diese Sandburg in ein echtes großes Schloss!«

Da stand auf einmal mitten im Stadtpark ein prächtiges Märchenschloss.

»Oh«, rief der Junge verwundert.

»Komm mit!«, forderte ihn die Prinzessin auf. »Jetzt besuchen wir den König.« Sie brauchte mit ihrem Zauberstab nur das große Tor zu berühren, als es auch schon aufsprang. Dann durchquerten sie den Schlosshof, stiegen eine Treppe hoch und gingen durch viele Säle, einer immer prächtiger als der andere. Im allerprächtigsten hockte der König auf einem Thron und regierte, das heißt, eigentlich regierte er nicht, denn sein Telefon war gerade kaputt und ohne Telefon kann heutzutage niemand regieren. Und weil der Fernseher auch nicht in Ordnung war, langweilte er sich sehr. Seine Minister standen um ihn herum und wussten keinen Rat.

»Ich langweile mich!«, jammerte der König. »Niemand kann mir helfen, nicht einmal meine Frau, die Königin. Den ganzen Tag sitzt sie da, strickt einen Kniewärmer für mich und unterhält sich mit ihren Freundinnen. Ist das nicht schrecklich? Wer es schafft, mir die Zeit zu vertreiben, den will ich einladen, zu mir in mein Schloss zu ziehen und mein Freund zu werden.«

»Da wüsste ich schon was«, sagte der Junge und sah aus dem Fenster auf die Straße hinunter. »Wir könnten den Leuten da unten auf die Köpfe spucken. Wer trifft, hat gewonnen.«

Das gefiel dem König nicht.

»Oder Fußball spielen?«

Auch das lehnte der König ab, denn er war ziemlich dick und

Fußballspielen war ihm viel zu anstrengend. Das sah er sich lieber im Fernsehen an.

»Vielleicht macht's dir Spaß, wenn ich dir etwas vorzaubere«, schlug ihm die Prinzessin vom gläsernen Turm vor und zauberte allen Ministern Eselsköpfe und den Lakaien Affenschwänze. »Ich bin nämlich eine berühmte Zauberfrau.«

Doch der König befahl ihr, alles sofort wieder rückgängig zu machen. Er brauchte Minister mit richtigen Köpfen und nicht mit denen von Eseln, und seinen Gästen wollte er nicht zumuten, von Lakaien mit Affenschwänzen bedient zu werden.

»Spielverderber!«, murmelte die Prinzessin verärgert, doch so, dass es der König nicht hören konnte.

»Wie wär's mit einem Himmel-und-Hölle-Spiel?«, sagte der Junge.

»Was 'n das?«, wollte der König wissen.

Der Junge holte einen Kieselstein aus der einen Hosentasche und aus der anderen ein kleines Stück Kreide, zeichnete damit eine Reihe von Kästchen auf das Parkett und erklärte dabei die Regeln. Danach hüpften er und die Prinzessin kichernd von Kästchen zu Kästchen und der König machte es ihnen nach.

Erst als ihnen die Puste ausging, hörten sie auf.

»Uff!«, seufzte der König zufrieden. »Und was machen wir jetzt?«

»Jetzt machen wir Musik!«, rief der Junge.

»Aber wir haben doch gar keine Instrumente«, gab ihm der erste Minister zu bedenken.

»Ich könnte ja welche herzaubern«, rief die Prinzessin.

»Bemüh dich nicht! Wir finden auch so welche.« Der Junge nahm ein Stück Papier, rollte es zu einem Trichter zusammen und reichte es dem König. Für die Prinzessin zog er einen Kamm aus der Tasche und vom König erbat er sich Krone und Zepter, um sie als Schlagzeug zu benutzen.

»Eins, zwei, drei – los!«, befahl er und schon war die schönste Katzenmusik im Gange.

Es klang schlimm und machte nur den Musikanten Spaß. Die Minister und Lakaien hätten sich am liebsten die Ohren zugehalten. Doch das war gegen die Hofetikette. So etwas ist nur der Königin erlaubt, aber die musste ja stricken und hatte keine Hand frei. Deshalb blieb den Zuhörern nichts anderes übrig, als Beifall zu klatschen, während sich die drei Musikanten, nach Beendigung ihres Musikstückes, die Bäuche hielten vor Lachen.

»Wie wär's mit einem Rundflug über die Stadt?«, schlug die Prinzessin vor, nachdem sie sich müde gelacht hatte. »Setzt euch alle auf meinen Kochlöffel!«

Den dicken König nahmen sie in die Mitte. Das war zwar ein bisschen eng, aber solange niemand niesen musste, ging es gerade.

Lirum, larum, Löffelstiel.
Alte Damen essen viel.
Junge müssen fasten.
Komm aus deinem Kasten!
Mach, was ich dir sage,
ohne eine Frage:
Flieg los!,

rief die Prinzessin vom gläsernen Turm.

Da schwebte der Kochlöffel mit seinen Fluggästen zum Fenster hinaus, umkreiste drei Mal das Schloss und steuerte den Fernsehturm an.

»Vielleicht weiß dort jemand, warum dein Fernseher kaputt ist!«, rief die Prinzessin dem König zu.

»Ach, was«, erwiderte der. »Das interessiert mich nicht. Flieg ruhig weiter! Fliegen ist viel schöner als fernsehen.«

Sie schwebten an einem hohen Baugerüst vorbei und tauschten mit den Bauarbeitern Witze aus, erfuhren die Tagesneuigkeiten von einem Schornsteinfeger und hätten beinahe einen Polizeihubschrauber zum Absturz gebracht, weil der Pilot so erschrak, als er einem König und zwei Kindern auf einem Kochlöffel begegnete. Er verständigte die Flugsicherung, doch die Fluglotsen glaubten ihm nicht und hielten ihn für verrückt.

Später spielten die Prinzessin, der König und der Junge mit den Tauben Fangen und fühlten sich einfach königlich.

Doch als es kühler wurde und sie zu frieren begannen, steuerten sie das Schloss im Park an. Gerade, als sie im Thronsaal landeten, klingelte das Telefon.

»Majestät, ein Gespräch aus New York!«, rief der erste Minister aufgeregt und vom nächsten Apparat brüllte der zweite: »Und hier eines aus Moskau!«

»Frag, was sie wollen«, brummte der König verärgert. »Hab jetzt keine Zeit für langweilige Telefongespräche.«

Daraufhin drückte der dritte Minister auf den Knopf des Fernsehapparates, der inzwischen repariert worden war.

»Schalte sofort den blöden Kasten ab!«, schrie der König wütend.

Er entließ alle seine Ratgeber und stellte dafür den kleinen Jungen ein. »Du bleibst da und hilfst mir beim Regieren«, sagte er. »Und wenn ich mal tot bin, darfst du selber regieren, wenn es dir Spaß macht. Macht's dir keinen Spaß, darfst du den Leuten auch auf die Köpfe spucken.«

Doch auf einmal klingelte es draußen am Schlosstor. Ein fremder Mann begehrte Einlass.

»Wer bist du und was willst du?«, fragte ihn der König. »Ich habe gerade Besuch. Du störst mich.«

Der Fremde stellte sich vor. Er war Oberregierungsministerialbeamter im Stadtbauamt. »Dieses Schloss ist ein Schwarzbau«, sagte er streng. »Es wurde ohne Genehmigung hier aufgebaut und muss deshalb unverzüglich verschwinden.«

»Keine Sorge!«, rief die Prinzessin fröhlich. »Was sein muss, muss sein. Das haben wir gleich.« Dann nahm sie ihren Zauberstab, schwang ihn rundherum um ihren Kopf und rief:

Lirum, larum, Löffelstiel.
Alte Damen essen viel.
Junge müssen fasten.
Komm aus deinem Kasten!
Mach, was ich dir sage,
ohne eine Frage:
Versetze das Schloss
auf den gläsernen Turm!

Und in null Komma nix war es aus dem Park verschwunden und stand dafür auf dem Dach des gläsernen Turmes, gleich neben dem alten Baum.

Da tanzten die Prinzessin, der König und der Junge singend durch alle Säle und durch den Garten.

»Das war der lustigste Nachmittag in meinem Leben!«, rief die Prinzessin glücklich. »Und überhaupt nicht einsam!«

Die Eltern der Prinzessin vom gläsernen Turm, die sich den Lärm nicht erklären konnten, kamen schnell herbeigerannt, um nachzusehen, was er bedeutete. Doch sie drehten beruhigt wieder um, als sie entdeckten, dass es ihre Tochter war, die mit einem neuen Freund in einem Sandkasten spielte. Sie wunderten sich nur etwas, wie der Sand in ihren Dachgarten gekommen war. Den König und sein prächtiges Schloss konnten sie nicht sehen. Sie blieben unsichtbar.

Am Abend, als es Zeit für den Jungen wurde heimzugehen, damit sich seine Mutter nicht ängstigte, begleitete ihn das kleine Mädchen mit dem Lift bis ins Erdgeschoss.

»Bis bald«, sagte sie, und: »Bis bald«, erwiderte der Junge, während sich weit oben im vierzigsten Stock der Zaubervogel auf einem Baumast niederließ und sang:

Lirum, larum, Löffelstiel.
Das ist das Ende von dem Spiel.
Geh wieder in deinen Kasten hinein!
Von nun an ist sie nie mehr allein!

Womit er natürlich die Prinzessin vom gläsernen Turm meinte.

Lilli in der Wanne

von Brinx/Kömmerling

 Lilli muss dauernd in die Wanne.

Bloß weil es geregnet hat und sie trotzdem mit den anderen draußen Fußball gespielt hat.

Bloß, weil sie bei Freddi das Schokokussspiel gespielt haben: Augen zu und in den Mund treffen.

Oder bloß, weil Lillis Mutter meint, vor dem Schlafen muss man sauber sein.

Lilli kann widersprechen, wie sie will, sie muss in die Wanne.

»Du kannst doch mit deinen Schwimmtieren spielen«, versucht die Mutter sie zu trösten, aber das macht Lilli ja jedes Mal, das ist echt schon ein alter Hut mit Schimmel drauf.

Also kramt sie heute ihre Taucherbrille mit dem Schnorchel vom letzten Urlaub aus der hintersten Schublade.

»Das ist doch eine gute Idee«, meint ihre Mutter, »mal sehen, was du unter Wasser alles entdecken kannst!«

Aber Lilli ist ja nicht blöd. In der Wanne gibt es keine kleinen bunten Fische, keine Seeigel und keine Muscheln. In der Wanne gibt es nichts außer langweiligem Wasser und Schaum.

»Vergiss aber nicht, dich zu waschen!«, ruft ihr die Mutter noch hinterher, als Lilli ins Bad trottet, und macht sich daran, die Küche aufzuräumen. Das macht Lillis Mutter immer, wenn Lilli in der Wanne ist. Wahrscheinlich denkt sie, alles muss sauber sein, wenn Lilli schlafen geht: das Geschirr, der Herd, die Spüle und Lilli eben.

Seufzend klettert Lilli in das warme Wasser und taucht erst mal ganz und gar unter, damit alles nass ist an ihr.

Unter Wasser ist es mucksmäuschenstill, nichts zu hören. Als gäbe es keine polternde Mutter in der Küche und keine Straße vor dem Haus und keinen Regen, der aufs Dachfenster pladdert.

Lilli kann ziemlich lange tauchen. Sie hört sich die Unterwasserstille an und stellt gerade fest, dass Stille gar nicht still ist, sondern in den Ohren summt, als sie plötzlich leise Stimmen hört.

»Wannenwuchtig, wir sind da!« und »Das müsste doch Lillis Wanne sein, oder?« Mit einem Ruck taucht Lilli auf, schaut sich um, lauscht. Nichts zu hören. Die Stimmen sind weg. Aber sie hat sie doch genau gehört?

Lilli holt Luft und taucht noch mal unter.

»Die hat ja gar keine Schwimmtiere!«, sagt eine hohe Stimme, und eine tiefe: »Wo sollen wir denn unsere Party machen?«

Da spricht jemand unter Wasser in Lillis Badewanne!

In Windeseile taucht Lilli wieder auf, greift sich Taucherbrille und Schnorchel, setzt sie auf und steckt das Gesicht bis über die Ohren ins Wasser. Sie schaut sich um und mit der Taucherbrille ist alles klar zu erkennen: der Stöpsel, ihre eigenen Füße, die scheußliche Duschmatte, damit man nicht ausrutscht. Aber sonst?

Plötzlich klopft jemand an Lillis Bein wie an eine Tür. Lilli schaut genauer hin, taucht tiefer und tatsächlich: Da schwimmen zwei winzig kleine Leute, ein kleiner Mann und eine noch kleinere Frau.

»Wir wollten mal fragen, wo deine Schwimmtiere sind«, sagt der kleine Mann Lilli, und der verschlägt es glatt die Sprache. Die kleinen Leute schwimmen zu Lillis Taucherbrille hoch und winken hinein.

»Hallo! Kannst du nicht sprechen?«, will die kleine Frau wissen.

Natürlich kann Lilli sprechen, aber nicht unter Wasser, erst recht nicht, wenn sie einen Schnorchel im Mund, und schon gar nicht, wenn sie plötzlich zwei kleine Leute in ihrer Wanne entdeckt hat.

Schnell taucht sie auf, reißt sich die Taucherbrille samt Schnorchel vom Gesicht und wirft alle Schwimmtiere, die sie finden kann, ins Wasser.

Die kleinen Leute ziehen sich an der gelben Ente hoch. Sie hat

einen ganz platten Rücken, eigentlich damit man ein Glas auf ihr abstellen kann.

»Danke, Lilli«, sagt die kleine Frau und schüttelt ihre nassen Haare, »die ist genau richtig für unsere Party!«

Der kleine Mann stellt einen Rucksack ab und spuckt eine Fontäne Wasser aus. Beide haben gestreifte Badeanzüge an und große Schwimmflossen an den Füßen.

»Was für eine Party?«, stottert Lilli.

Der kleine Mann packt seelenruhig lauter winzige Sachen zum Essen und zum Trinken aus seinem Rucksack und stellt sie auf den Rücken der Ente.

»Unsere Vorfreudeparty«, erklärt die kleine Frau. »Immer wenn wir in einer Wanne landen, feiern wir unsere Vorfreudeparty.«

»Und auf was freut ihr euch vor?«, will Lilli wissen und versteht die Welt nicht mehr.

Während die kleine Frau winzige Partyhäppchen zurechtmacht und sprudelnde Limonade in klitzekleine Gläser gießt, erklärt der kleine Mann Lilli, worauf sie sich freuen. »Wir freuen uns auf den Moment, wenn der Stöpsel rausgezogen wird. Dann reiten wir in Windeseile und immer im Kreis superwannenschnell auf dem Wasser, uuuuuiiiiit, zurück in den Kanal. Du kannst dir nicht vorstellen, was das für ein Gefühl ist!«

Das kann Lilli wirklich nicht. Vielleicht ist es so wie Achterbahn fahren, überlegt sie, oder wie auf der großen Wasserrutsche im Schwimmbad. So ähnlich vielleicht.

Die kleine Frau hält Lilli eines ihrer klitzekleinen Gläser hin. »Damit du mit uns feiern kannst!«

Aber das Glas ist viel zu klein für Lilli, der vorher noch nie aufgefallen ist, dass sie so große Finger hat. »Wartet!«, sagt sie und steht schnell auf, um ihren Zahnputzbecher zu holen.

Der kleine Mann und die kleine Frau purzeln schreiend durcheinander, weil Lilli aufgestanden ist und die Ente auf einer hohen Welle durch die Wanne schaukelt. Sie können sich gerade noch festhalten.

Lilli nimmt sich ihren Becher und setzt sich ganz vorsichtig wieder hin.

Der kleine Mann und die kleine Frau seufzen erleichtert.

»Das ist gerade noch mal gut gegangen!«, sagt der kleine Mann und fischt die Partyhäppchen aus dem Wasser.

»Entschuldigung«, murmelt Lilli. Sie lässt sich ein bisschen Wasser aus dem Hahn in ihren Becher laufen und jetzt können sie endlich anstoßen.

»Auf die Vorfreude, mein lieber Mann!«, sagt die kleine Frau.

»Auf die Vorfreude, meine liebe Frau!«, sagt der kleine Mann.

Lilli hält ihnen ihren riesigen Becher hin. Ganz leise macht es pling und noch mal pling, dann trinken sie alle und der kleine Mann und die kleine Frau machen sich über die Partyhäppchen her.

»Lilli, raus aus der Wanne!«, ertönt da die Stimme von Lillis Mutter.

Lilli will gerade rufen, dass sie noch ein bisschen drinbleiben will, da hat der kleine Mann den Rucksack schon gepackt, die kleine Frau wirft Lilli eine Kusshand zu und plitschplatsch verschwinden sie in der Wanne.

»Wartet doch!«, ruft Lilli, setzt schnell ihre Taucherbrille auf und streckt den Kopf ins Wasser.

Da schwimmen die beiden, halten sich an den Händen und freuen sich.

»Bleibt doch noch!«, will Lilli sagen, aber unter Wasser blubbert es nur und da taucht auch schon die Hand ihrer Mutter im Wasser auf und zieht den Stöpsel raus.

»Bis bald mal!«, ruft die kleine Frau, und »Jetzt geht's los!« der kleine Mann. Dann drehen sie sich im Kreis, immer schneller und immer schneller und lachen und jauchzen und verschwinden.

Lilli taucht auf.

»Komm, Lilli, du bist schon viel zu lange drin«, sagt ihre Mutter und hält ein großes, warmes Handtuch bereit.

Lilli zieht die Taucherbrille aus, steht auf und schaut noch einmal in die Wanne. Sie ist leer.

»Aber morgen muss ich wieder baden!«, sagt Lilli, während ihre Mutter sie abrubbelt und sich nur wundern kann.

Pias Geheimnis

von Jo Pestum

Julia hat einen Hund. Es ist ein Dackel. Er hat ein braunes Fell und kann schnell rennen. Julias Dackel heißt Schnuppi.

Simon hat auch einen Hund. Es ist ein Pudel. Er hat ein graues Fell und kann herrlich hüpfen. Simons Pudel heißt Hoppelpoppel.

Pia hat keinen Hund.

Julia, Simon und Pia sind in derselben Klasse. Sie spielen oft miteinander.

Eines Tages fragt Simon: »Pia, warum hast du keinen Hund?«

Pia lächelt. Dann flüstert sie: »Das wäre zu gefährlich. Nein, in mein Zimmer darf kein Hund rein.«

Julia kann das nicht verstehen.

Pia lächelt noch immer.

Dann sagt sie: »Das ist ein Geheimnis.«

Simon stampft mit dem Fuß. Wütend sagt er: »Pia, du bist doch unsere Freundin. Darum darfst du kein Geheimnis für dich allein haben. Los, sag uns dein Geheimnis!«

Julia will auch das Geheimnis wissen. »Freundinnen und Freunde verraten sich immer ihre Geheimnisse. Weißt du das denn nicht? Sag schon, warum darf kein Hund in dein Zimmer rein?«

Pia guckt zuerst den Simon an, dann guckt sie die Julia an. Und dann fragt sie: »Könnt ihr schweigen?«

»Klar«, antwortet Simon, »wir können schweigen. Ehrenwort!«

Und Julia sagt: »Wir sagen dein Geheimnis ganz bestimmt nicht weiter. Ehrenwort!«

Pia flüstert: »In meinem Zimmer ist ein Löwe!«

Simon staunt. »Donnerwetter! Ein Löwe? Ist das wirklich wahr?«

Pia nickt eifrig. »Ja, das ist wahr. Ich hab den Löwen doch selber in mein Zimmer gebracht.«

Das kann Julia gar nicht glauben. Sie ruft: »Das gibt es doch überhaupt nicht! Wo hast du denn den Löwen gefunden? Auf der Straße etwa?«

Simon kann das auch nicht glauben. Er sagt: »Auf der Straße laufen doch keine Löwen rum. So etwas gibt es wirklich nicht. Pia lügt.«

Pia wird wütend und stampft mit dem Fuß. »Ich lüge nicht! Auf der Wiese hab ich ihn gefunden. Drei Tage ist das her. Da war er noch ein Babylöwe. Er hatte Hunger. Da hab ich ihn mitgenommen in mein Zimmer. Und ich hab ihm was zu essen gegeben. Kuchen und Leberwurst. Jetzt wohnt der Löwe bei mir.«

Simon und Julia wollen Pias Löwen sehen. Sie bitten und betteln.

Pia schüttelt den Kopf. »Das geht doch nicht«, sagte sie. »Der Löwe ist unheimlich gefährlich. Ganz scharfe Zähne hat er. Der beißt jedem sofort in den Popo. Zack – so schnell geht das. Dem Dackel Schnuppi beißt er in den Popo. Dem Pudel Hoppelpoppel beißt er in den Popo. Der Julia beißt er in den Popo. Dem Simon beißt er in den Popo.«

Julia fragt: »Und warum beißt der Löwe dir denn nicht in den Popo?«

Pia antwortet: »So eine dumme Frage! Mich kennt er doch!«

Simon denkt scharf nach. Etwas stimmt da nicht! Er ruft: »Ein Babylöwe kann noch gar nicht richtig beißen. Ätsch!«

Pia lacht den Simon aus. Sie sagt: »Du hast überhaupt keine Ahnung von Löwen, Simon. Vor drei Tagen, da war der Löwe noch ein Babylöwe. Aber jetzt ist mein Löwe schon mächtig gewachsen. Sooo groß ist er schon!« Pia zeigt es mit den Händen. »Der Löwe geht mir schon bis zur Nasenspitze.«

Julia staunt. »So schnell ist der Löwe gewachsen?«

Pia nickt. »Löwen wachsen sehr, sehr schnell.«

Jetzt hat Simon eine wichtige Frage. »Und deine Eltern, Pia? Haben die Angst vor deinem Löwen?«

Pia legt den Finger an den Mund und macht: »Pssst!«, weil gerade ein Mann vorbeigeht. Der darf nicht hören, was die Kinder reden. Als der Mann weit weg ist, flüstert Pia: »Meine Mama und mein Papa, die wissen doch gar nicht, dass in meinem Zimmer ein Löwe ist.«

Julia fragt: »Wie heißt denn dein Löwe? Hat er einen Namen?«

Pia sagt: »Klar hat er einen Namen. Rarara, so nenne ich ihn. Das hört sich gefährlich an.«

Das finden Simon und Julia auch. Rarara! Das ist ein sehr gefährlicher Name. So ein Name passt gut zu einem Löwen.

Simon bettelt: »Lass uns den Löwen Rarara doch wenigstens ein bisschen sehen! Du brauchst die Tür nur einen winzigen Spalt aufzumachen. Julia und ich, wir gucken dann ganz schnell deinen Löwen an. Dann machst du ruck, zuck die Tür wieder zu.«

Das möchte Julia auch. »Bitte, bitte, Pia!«, ruft sie.

Pia legt den Kopf schief und überlegt einen Augenblick. »Vielleicht«, sagt sie. »Vielleicht morgen. Aber jetzt muss ich rasch nach Hause rennen. Bestimmt hat mein Löwe Rarara Hunger.«

Da fällt ihr noch etwas ein. »Und nichts verraten von dem Geheimnis! Hört ihr? Ihr habt es versprochen.«

Pia rennt nach Hause.

Am nächsten Tag treffen sich Julia und Simon und Pia wieder. Sie laufen über die Wiese.

Julia hat den Dackel Schnuppi mitgebracht. Simon hat den Pudel Hoppelpoppel mitgebracht. Die beiden Hunde bellen und machen Unsinn.

Julia ist sehr aufgeregt. Sie fragt: »Zeigst du uns heute deinen Löwen Rarara?«

Pia bleibt stehen. Sie zeigt mit dem Finger zu den Wolken hinauf. Pia fragt: »Seht ihr das Flugzeug da oben?«

»Klar!«, rufen Simon und Julia. »Klar sehen wir das Flugzeug!«

Pias Stimme ist jetzt genauso traurig wie ihr Gesicht. Pia sagt: »Ich kann euch meinen Löwen nicht mehr zeigen. In dem Flugzeug da oben ist er. Er fliegt nach Afrika. Afrika ist nämlich seine Heimat. Außerdem ist der Löwe Rarara in der letzten Nacht ganz toll gewachsen. Er passt gar nicht mehr in mein Zimmer rein. Und ich hab auch gar kein Futter mehr für ihn. Er hat alles aufgefressen.«

Simon staunt. »Donnerwetter! Und da hast du den Löwen Rarara zum Flugplatz gebracht? Du ganz allein?«

Das kann Simon gar nicht richtig glauben.

Pia nickt. »Ich hab zu dem Piloten gesagt: ›Bringen Sie meinen Löwen nach Afrika, Herr Pilot! In Afrika hat er viel mehr Platz als in meinem Zimmer.‹«

Julia macht ganz große Augen. Sie fragt: »Und jetzt ist dein Löwe wirklich in dem Flugzeug da oben?«

»Ja«, sagt Pia. »Rarara fliegt jetzt nach Afrika.«

Ganz laut ruft Simon da: »Gelogen, Pia! Alles gelogen!«

Julia lacht. »Da hast du uns aber eine verrückte Geschichte erzählt. Ich glaube, du bist eine richtige Geschichten-Erfinderin.«

Pia sagt: »Ich bin eine Dichterin. Wisst ihr das denn nicht?«

Julia und Simon und Pia lachen laut. Die zwei Hunde bellen dazu.

Carlotta und die Zauberschuhe

von Jeanette Randerath

Eines Morgens wollte Carlotta ihre Schuhe anziehen. Da weigerten sich ihre Füße.

»Die Schuhe sind zu klein geworden«, meuterte der eine Fuß.

»Mir tut mein dicker Zeh weh«, schimpfte der andere.

»Jetzt brauchst du wirklich neue Schuhe!«, stellte ihre Mutter fest.

Im Schuhgeschäft brachte die Verkäuferin immer wieder neue Schuhe herbei, aber Carlotta schüttelte jedes Mal den Kopf. Sie hatte schon fast alle Schuhe in ihrer Größe anprobiert, da entdeckte Carlotta plötzlich ganz hinten im Regal ein Paar rote. Die Schuhe lachten Carlotta an und Carlotta lachte zurück.

»Die nehm ich!«, sagte Carlotta.

»Du musst sie aber vorher anprobieren«, sagte ihre Mutter.

Carlotta spürte ein Kribbeln in ihren Füßen.

»Die Schuhe freuen sich«, flüsterte sie ihrer Mutter zu. »Ich glaube, es sind Zauberschuhe.«

Carlotta ging eine Runde über den weichen Teppichboden. Es fühlte sich an, als schwebte sie auf Wolken. Sie behielt die Schuhe gleich

an. Ihre Mutter kaufte noch eine Tube rote Schuhcreme dazu. Carlotta steckte sie in ihre Kindergartentasche.

Als sie wieder auf der Straße standen, meinte Carlotta, jeder müsste sehen, dass sie Zauberschuhe trug. Aber die anderen Leute bemerkten es gar nicht. Es war Carlottas Geheimnis. Carlotta ging ganz vorsichtig. Mit den Schuhen konnte sie den Boden genau abtasten. Sie erspürte jedes Steinchen.

»Stopp!«, rief der eine Schuh. Der andere blieb in der Luft stehen. Zum Glück! Vor ihnen lief nämlich ein kleiner grüner Käfer über den Weg. Carlotta setzte den Käfer ins Gras, damit keiner auf ihn treten konnte. Die anderen Leute trugen ja keine Zauberschuhe wie sie.

Als die Schuhe eine Riesenpfütze vor sich sahen, konnte Carlotta sie nicht mehr bremsen. Sie nahmen Anlauf.

»Jippie!«, rief der eine Fuß.

»Jeh!«, rief der andere.

Mit einem Riesensatz landete Carlotta auf der anderen Seite. Sie hatte nicht mal nasse Füße bekommen.

Carlotta balancierte über ein kleines Mäuerchen. Bis zum Ende. Das hatte sie noch nie geschafft. Sie war eine Seiltänzerin.

»Mama, ich zeig meinen Schuhen noch den Garten«, sagte Carlotta zu Hause und lief nach draußen. Mit den roten Schuhen konnte sie sich in eine Indianerin verwandeln. Sie schlich so leise durch

das Gras, dass kein Mensch sie hören konnte. Nicht mal Tim, der Ohren hatte wie ein Luchs.

»Warte, ich krieg dich!«, rief Tim. Aber mit den Zauberschuhen konnte Carlotta nicht nur schneller laufen, sie konnte sich damit im hohen Gras sogar unsichtbar machen.

»Kommt ihr zum Abendessen?«, rief die Mutter.

»Ja, gleich«, sagte Carlotta. Sie schaute auf ihre Schuhe.

»Mannomann«, flüsterte sie. »Habt ihr euch schmutzig gemacht!«

»Damit ihr wieder so schön glänzt wie vorher«, sagte Carlotta. Sie schmierte die Schuhe sorgfältig mit der roten Schuhcreme ein. Die Schuhe schmatzten zufrieden.

Als Carlotta schlafen ging, stellte sie die roten Schuhe neben das Bett. Die Schuhe gähnten.

»Nacht, Carlotta«, sagte der eine.

»Träum was Schönes«, sagte der andere.

Und Carlotta träumte in dieser Nacht, wie sie mit ihren Zauberschuhen von einem Stern zum andern sprang.

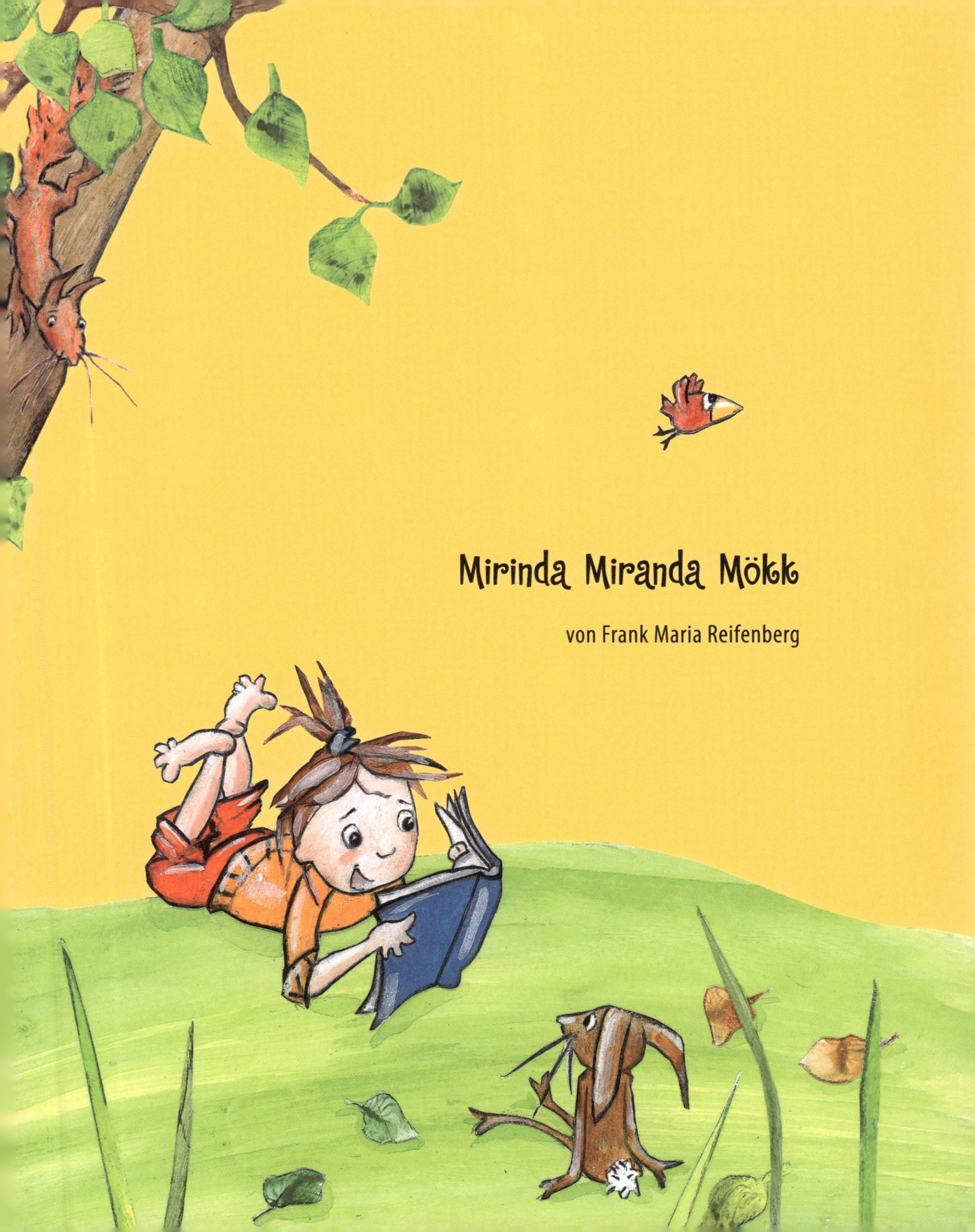

Mirinda Miranda Mökk

von Frank Maria Reifenberg

»Blöd!«, murrte Bine. Wieder war weit und breit kein Mensch zu sehen. Anscheinend gab es auf diesem Spielplatz alles, nur keine anderen Kinder. Dabei waren sie schon vor drei Wochen in das neue Stadtviertel gezogen! Wie sollte sie da eine neue Freundin finden? Wütend trat Bine mit dem rechten Fuß gegen eine Limonadendose, die daraufhin im hohen Bogen aufstieg und genau im Papierkorb neben der roten Holzbank landete. »Blöd und noch mal blöd!«, schimpfte Bine weiter.

»Genau!«, piepste eine Stimme. »Saublöd sogar!«

Wer hatte da geschimpft? Bine schaute nach rechts, dann nach links, aber es war keine Menschenseele zu sehen.

»Ich hätte tot sein können. Ganz und gar und garstig furchtbar tot!«

Bine schaute hinter die Bank, unter die Bank, neben die Bank: nichts! Auch in den Zweigen der knorrigen Eiche über ihr: niemand!

»Mein Arm«, jammerte die Stimme. »Ojemina-minuschka-katastrofinska! Er klemmt fest!«

Jetzt war sich Bine sicher: Die Stimme kam aus dem Mülleimer! Sie streckte die Nase vor und warf aus sicherer Entfernung einen Blick in den grünen Gitterkorb. Ein halb voller Pappbecher und eine zerrissene Plastiktüte schauten hervor. Ein süßlicher Geruch schlug Bine entgegen, als sie die Nase tiefer in den Mülleimer steckte. Wieder ertönte ein Seufzen und Jammern. Bine fasste sich ein Herz und zog die Plastiktüte weg. Der Becher kippte um und ein Schwall Kakao ergoss sich in den Eimer.

»Ach, diese Menschen! Wirklich zu nichts sind sie zu gebrauchen!«, kreischte die Stimme. »Zuerst erschlägst du mich mit der Dose und nun ertränkst du mich in Kakao. Wie das klebt!«

Bine schob den Abfall zur Seite. Da stand sie und schüttelte sich wie ein junger Hund: eine kleine Gestalt, gerade so groß wie Bines Unterarm und von oben bis unten voller struppiger gelber Haare. Ihr Körper und ihre Beine waren pummelig und kurz, die Arme jedoch lang und dünn mit sieben Fingern an jeder Hand. Ein langer gelber Pelz umrahmte auch das schmutzig braun verschmierte Gesicht. Fast sah das Köpfchen des Wesens wie die Blüte einer Sonnenblume aus. Allerdings wie eine sehr unfreundliche Sonnenblume.

»Oheissa-pikleista-zieginskaja.« Das gelbe Wesen untersuchte seinen linken Arm. »Ich wette, er ist gebrochen, und du allein bist schuld daran!« Es zog sich schnell und sicher wie ein Eichhörnchen am Rand des Mülleimers hoch, schwang zweimal hin und her und landete mit allen vieren auf der Bank. Als es Bines erstaunten Blick bemerkte, knickte es sofort mit dem rechten Arm ein und tat so, als

schmerzte er ganz schrecklich doll. »Schmierolo-dramolo-auabaua«, krähte es.

Bine hatte längst verstanden, dass das gelbe Ungeheuer ihr etwas vorspielte. Na warte!, dachte sie. »Dein ärmster Arm!« Bine zog ein Gesicht, als hätte sie großes Mitleid, grinste dann jedoch und sagte: »Komisch nur, dass die Dose auf dem anderen Arm gelandet ist!«

Das Wesen holte tief Luft, aber bevor es losschimpfen konnte, pikste Bine ihm mit dem ausgestreckten Zeigefinger in den wolligen gelben Bauch. Es brach in schallendes Gelächter aus. Das war so ansteckend, dass auch Bine darin einstimmen musste, bis beide auf der Bank lagen und sich vor Lachen kugelten und den Bauch hielten.

Erst als die Glocken der beiden mächtigen Kirchtürme am Rande des Spielplatzes fünfmal schlugen, konnte Bine sich wieder beruhigen. Schon fünf Uhr!, schoss es ihr durch den Kopf. Längst sollte sie zu Hause sein!

Bine schaute sich um. Der kleine Gelbling war verschwunden. Sie musste nach Hause, sonst würde Mama schimpfen, aber sie kannte nicht einmal den Namen des sonderbaren Wesens! Sie rannte einmal um die Bank herum und rief: »Wo bist du, Gelbling?«

»Na, wo wohl?«, krächzte es aus dem Mülleimer. »Und ich habe auch einen Namen. Gestatten: Mirinda Miranda Mökk.«

»Bine, ich bin Bine«, stellte Bine sich vor.

»Warum läufst du herum, als sei der Müllmann hinter dir her, Bine?«

»Der Müllmann?«

»Ja, der Müllmann. Unser schlimmster Feind. Klaut Müll, wo er geht und steht, und gestern hat er mit seinem Müllauto meine beste Freundin Klarissa Karamba Knapp entführt.« Mirinda schluchzte laut. »Sie kam nicht schnell genug aus dem Eimer heraus und schwups hatte er sie mitsamt dem Müll in seinen Wagen geschüttet!«

»Aber was tut ihr denn in den Mülleimern?«

Mirinda Miranda Mökk riss die Augen weit auf. »Dummdida-dadummdo-plötissikus? Was eine Müllfee eben tut!«

»Eine Müllfee?« Bine hatte noch nie von einer Müllfee gehört. Feen sahen ganz anders aus: mit zarten Flügeln, die im Abendlicht schwirrten, mit Haar aus goldenen Fäden und mit schimmernden Kleidern aus Morgentau.

»Jetzt glotz nicht so!«, sagte Mirinda. »Ich weiß, was sie euch über Feen erzählen. Goldenes Haar und den ganzen Tag rumschwirren und die Prinzessin spielen. Selbst beim Jahrestreffen der Feen siehst du selten so eine Märchenfee! Das ist harte Arbeit hier, den ganzen Müll aufzuessen! Ja, unsere Abteilung kümmert sich um den Müll, was allerdings immer schwieriger wird. Ihr macht viel zu viel davon, ihr Menschen. Und meistens schmeckt er nicht oder ist sogar giftig und dann schickt ihr die Monsterkarren mit den Müllmännern und uns braucht niemand mehr.«

Mirinda hielt sich mit der linken Hand am Drahtkorb des Eimers fest. Auf den sieben Fingern der Rechten pfiff sie zweimal kurz und einmal lang. Sofort raschelte es in sämtlichen Mülleimern. Überall lugten strubbelige Köpfe hervor: blaue, gelbe, grüne, braune und schwarze Fellwesen, einige mindestens dreimal so dick wie Mirinda. Nur im Eimer an der nächsten Bank blieb es still.

»Luzinda, Passiola, Nucida ... ach, wie sie alle heißen«, stellte Mirinda sie vor. Ihre Stimme wurde traurig. »Und da, da nebenan ...« Eine Träne bahnte sich den Weg über ihre schmutzige Wange. »Das war Klarissas Eimer! Meine beste Freundin.« Fluten von Tränen spülten den Schmutz aus ihrem Gesicht.

Nun verstand Bine, warum Mirinda so garstig zu ihr war. Bine hatte selbst tagelang schlechte Laune gehabt, als Mama ihr gesagt hatte, dass sie wegzögen und Bines beste Freundin zurückbleiben würde.

»Sa-bi-ne!«, erschallte eine Stimme am anderen Ende des Platzes.

Als die Müllfeen sie hörten, verschwanden alle genauso schnell in ihren Mülleimern, wie sie aufgetaucht waren.

»Meine Mama«, flüsterte Bine. »Ich muss jetzt gehen! Aber ich komme wieder, ja?« Mit zwei schnellen Griffen öffnete Bine den Knoten, mit dem ihr Sonnenblumenhalstuch um ihren Nacken gebunden war. »Hier. Für die Tränen. Zum Abwischen. Du kannst es mir morgen wiedergeben!« Bine lief los, drehte sich aber noch einmal um. »Und dann kannst du mir von Klarissa erzählen. Vielleicht können wir sie suchen?«

Mirinda schaute mit großen Augen dem Mädchen nach, dann warf sie einen Blick auf das Tuch in ihrer Hand. »Das würdest du für mich tun?«

Bine nickte. »Na klar! Bis morgen, Mirinda!« Sie rannte los. Ein strahlendes Lächeln huschte über ihr Gesicht, mindestens so strahlend wie das einer Sonnenblume. Einer sehr fröhlichen Sonnenblume.

Am Abend, beim Zubettgehen, fragte Bine ihre Mama, ob ihr schon einmal eine Fee begegnet sei.

»Binchen, du weißt doch! Niemand kann Feen sehen. Sie schwirren so schnell mit ihren zarten Flügeln, dass unsere Augen sie nicht erfassen können. Und sie verschwinden unter ihren Kleidern aus ...«

»... aus Morgentau! Ich weiß, Mama.« Bine lächelte. Sie musste an Mirindas struppiges Fell denken.

»Schlaf jetzt, Liebes. Und träume süß. Von Feen, okay?« Sie

drückte Bine einen Kuss auf die Stirn und löschte die große Lampe unter der Decke. Nur noch die Straßenlaterne warf einen gelblichen Schein ins Zimmer. »Und morgen suchen wir gemeinsam dein Halstuch, das mit den Sonnenblumen. Ich glaube, du hast es verwuselt!«

Bine nickte. »Gute Nacht, Mama!«

Ob man eine Fee zur besten Freundin haben kann, eine Müllfee vielleicht?, fragte Bine sich und schlief ein.

Wie der Wolf die Wurst frisst

von Ulrike Kuckero

Als Alina einmal krank war, bekam sie von Oma ein Bilderbuch geschenkt. Es handelte von einem kleinen Wolf, der von seiner Familie verlassen wurde. Es war ein harter Winter und die Wölfe mussten weit laufen, um etwas zum Fressen zu finden. Der kleine Wolf war zu schwach dafür, und so lief die Familie ohne ihn weiter. Der kleine Wolf blieb ganz allein in seiner Höhle liegen und traute sich erst am nächsten Tag, ins Dorf zu gehen. Endlich wurde der kleine Wolf von einer alten Frau gefunden. Sie gab ihm etwas zu fressen und ließ ihn bei sich in der Küche schlafen. Aber nur für eine Nacht. Dann musste der kleine Wolf wieder hinaus in die Kälte. Ganz allein lief er über die weiten Felder fort und niemand half ihm.

Mama las Alina die Geschichte jeden Tag vor. Längst war sie wieder gesund, doch die Geschichte vom kleinen Wolf machte Alina jedes Mal so traurig, dass sie weinte.

»Der arme kleine Wolf«, schniefte Alina.

»Ja«, sagte Mama. »Aber es ist ja nur eine Geschichte.«

»Wohin geht der kleine Wolf denn jetzt?«, brachte Alina zwischen zwei besonders tiefen Schluchzern hervor.

»Bestimmt findet er ein neues Zuhause«, sagte Mama und wischte ihr die Tränen vom Gesicht.

»Bestimmt?«, fragte Alina und überlegte, wo dieses Zuhause wohl sein konnte.

»Ja, bestimmt«, sagte Mama und klappte das Buch zu. »Und jetzt lesen wir diese Geschichte nicht noch einmal. Sie macht dich ja immer trauriger. Spiel doch mit deinem Kuschelhund oder male ein schönes Bild für Oma.«

Damit stand Mama auf und ging an ihren Schreibtisch, wo eine Menge Arbeit wartete.

Doch Alina wollte nicht mit dem Kuschelhund spielen. Sie wollte auch nicht ein Bild für Oma malen. Sie wollte immer nur an den kleinen Wolf denken.

Wohin wollte er denn gehen, so mitten im Winter? Wer würde ihm helfen? Und wo konnte er schlafen? Überall lag Schnee und die Teiche waren zugefroren. Noch nicht einmal trinken konnte der kleine Wolf.

Armer kleiner Wolf!, dachte Alina und glaubte fast, sie hörte ihn in der Ferne heulen.

Schnell kletterte Alina auf einen Stuhl, den sie ans Fenster schob, und sah hinaus. Im Garten waren alle Beete zugeschneit und auf den Zweigen der Bäume lag eine dicke weiße Schicht. Unablässig flogen die Vögel zum Futterhäuschen, das Papa auf dem zugeschneiten Rasen aufgebaut hatte.

»Ihr habt es gut«, murmelte Alina. »Ihr findet Futter bei uns im Garten. Aber der kleine Wolf ist ganz allein und findet nur Schnee.«

Wieder weinte sie ein bisschen. Dann dachte sie nach.

Bestimmt lief der kleine Wolf hier in der Nähe herum. Und bestimmt war er hungrig. So hungrig, dass er sich gerne fangen lassen würde, wenn er nur etwas Leckeres dafür bekäme. Und was Leckeres für einen kleinen hungrigen Wolf zu besorgen, das war nicht schwer!

Schnell kletterte Alina vom Stuhl hinunter und lief in die Küche. Im Kühlschrank lag ein kleines Päckchen vom Schlachter, darin lagen vier leckere Würstchen, die Mama vorhin gekauft hatte. Alina nahm eine leckere Wurst heraus und lief zurück in ihr Zimmer. Dort band sie einen Wollfaden an der Wurst fest. Es war gar nicht so leicht, einen Knoten zu binden, der stramm genug saß. Geschafft! Leise zog Alina sich einen dicken Pullover und die dicke Schneehose über und schlich hinaus in den Flur.

Mama saß an ihrem Schriebtisch und starrte auf das Laptop. Lautlos huschte Alina an ihrer Tür vorbei, griff sich noch die Wollmütze und klemmte die Stiefel unter den Arm. Dann öffnete sie vorsichtig die Haustür und zog sie leise, leise hinter sich zu. Die leckere Wurst mit dem Faden hielt sie die ganze Zeit zwischen den Zähnen, weil sie keine Hand mehr frei hatte. Um ein Haar hätte sie schon mal ein kleines Stückchen abgebissen von der leckeren Wurst. Aber nur um ein Haar.

Schnell schlüpfte Alina in die Stiefel, zog die Mütze über die Haare und nahm die leckere Wurst in die Hand. Wie gut die roch! Solch eine leckere Wurst würde der kleine Wolf bestimmt sofort schnuppern. Sie brauchte nur die Straße hinuntergehen, dann war sie an der großen Wiese mit den Bäumen am Weg. Dort hockte der kleine Wolf bestimmt in einer Mulde und hatte Sehnsucht nach seiner Mutter und nach einer leckeren Wurst.

Alina begann zu laufen. Bei der Wiese blieb sie kurz stehen. War da nicht ein Heulen zu hören, wie von einem kleinen hungrigen Wolf? Sie rannte weiter zu den Bäumen. Dort musste er sein.

Doch als Alina zwischen den Bäumen stand, war kein kleiner hungriger Wolf zu sehen. Nur Schnee und verschneite Büsche und tief hängende Zweige.

Klar, der Wolf hatte Angst vor ihr. Er würde schon gleich kommen, wenn er die leckere Wurst schnupperte. Alina suchte einen Zweig und band den Wollfaden daran fest. Dann kroch sie ein paar Schritte zurück ins Gebüsch und wartete.

Die leckere Wurst hing dort und baumelte sacht im Wind.

Alina lief das Wasser im Mund zusammen. Sogar bis hierher konnte sie die Wurst riechen.

»Kleiner Wolf, komm heraus!«, rief sie leise. »Hier ist eine leckere Wurst für dich!«

Die Wurst hing weiter dort und baumelte im Wind.

Vielleicht sollte sie schon mal ein kleines Stückchen abbeißen?, dachte Alina. Wahrscheinlich brauchte der kleine Wolf jemanden, der es ihm vormachte.

Auf allen vieren krabbbelte Alina zur Wurst und schnappte mit den Zähnen danach. Es war gar nicht so einfach, von der Wurst abzubeißen, ohne die Hände zu benutzten.

»So musst du es machen, kleiner Wolf!«, murmelte Alina und kaute bedächtig.

Wie köstlich eine Wurst sein konnte, die an einem Faden im Baum hing! Nie im Leben hatte ihr eine Wurst so gut geschmeckt! Am besten nahm sie gleich noch einen Biss.

Dann wartete Alina eine kleine Weile.

Und noch eine kleine Weile.

Und schließlich noch eine klitzekleine Weile.

Schließlich stand Alina auf.

»Wenn du jetzt nicht kommst, esse ich die Wurst alleine auf«, warnte sie den kleinen Wolf und pirschte sich langsam an die Wurst heran. Gerade wollte sie den Mund öffnen und nach der Wurst schnappen, da hörte sie Schritte, ein schnelles Huschen und – was war das?

Ein dicker frecher Hund mit einem braunen Fleck im Gesicht stand vor ihr, machte Männchen und schielte nach der Wurst.

»Nichts da!«, sagte Alina und griff sich die Wurst. »Die gehört dem kleinen Wolf. Und wenn der nicht kommt, gehört sie mir. Also husch! Geh zu Frauchen!«

Damit biss Alina herzhaft in die Wurst. Der freche Hund sah mit großen Augen zu und leckte sich die Schnauze. Dann rief jemand: »Flecki, komm!«, und der freche Hund lief zurück.

Wenn der kleine Wolf jetzt nicht kommt, dann ist er wohl nicht mehr hungrig, dachte Alina, während sie kaute. Sie nahm einen letzten Bissen und hüpfte fröhlich zurück, über die Wiese und die Straße entlang. Dann stand sie wieder vor ihrem Haus.

Gerade trat Mama vor die Haustür und sah Alina erleichtert und zornig zugleich an.

»Du darfst doch nicht einfach so rausgehen, ohne mir Bescheid zu sagen!«, schimpfte sie. Sie packte Alina an der Hand und zog sie in den Hausflur. »Was hast du denn so allein draußen gemacht?«

»Ich hab den kleinen Wolf gefüttert«, sagte Alina und hielt den leeren Faden hoch.

»Was?«, fragte Mama entgeistert. »Du hast was?«

»Ich hab den kleinen Wolf mit einer leckeren Wurst gefüttert und jetzt ist er satt«, sagte Alina und lächelte.

»Na«, machte Mama überrascht und stemmte die Hände in die Hüften. »Du meinst, dem kleinen Wolf geht es jetzt gut?«

Alina nickte zufrieden.

»Und jetzt mal ich ein Bild für Oma, wie der Wolf die Wurst frisst.«

Nachmittagsfreunde

von Sigrid Zeevaert

Leonard und Luise sind Nachbarn. Sie wohnen Tür an Tür in der dritten Etage. Fast jeden Nachmittag besuchen sie sich. Zusammen sitzen sie dann bei Luises Schildkröte und bauen ihr eine Burg. Oder sie geraten auf eine einsame Insel mit gefräßigen Krokodilen und Schlangen. Manchmal sind sie auch unterwegs zum Ende der Welt. Kämpfen gegen schwere Stürme und Unwetter an und schon einige Male hat Leonard Luise gerettet. Luise Leonard übrigens auch. Nachmittags sind Leonard und Luise die besten Freunde.

Nur am Morgen, wenn sie zur Schule gehen, klappt es mit ihnen beiden jedes Mal nicht. Entweder geht Leonard Luise voraus oder er ist so spät dran, dass Luise schon vorgehen muss. Und sie setzt sich zu ihren Freundinnen Lena und Kim.

In der Pause springt Leonard mit seinem Freund Marco als Erster davon und sie balancieren über den Fahrradständer. Schneiden Grimassen wie Clowns. Und sie ziehen die Mädchen an den Haaren.

»Was soll das?«, ruft Lena. »Hört auf!«

Aber die Jungen lachen.

»Ihr seid gefangen!«, ruft Marco und hält Kim am Arm. »Wir sind nämlich die Indianer und ihr seid die Squaws.«

»Sind wir nicht!« Kim reißt sich los und tippt sich mit dem Finger an die Stirn.

»Quatschköpfe!«, sagt Luise.

Als sie wieder in die Klasse zurückgehen, halten Marco und Leonard sich die Nasen zu. »Weil es hier stinkt«, sagen sie.

»Tse«, machen Lena, Kim und Luise. Dann sitzen sie alle wieder auf ihren Plätzen und Frau Siebental liest ihnen ein Frühlingsgedicht vor.

Am Nachmittag turnt Luise auf ihrem Bett. Und niemand kommt zu Besuch.

Leonard muss mit Mama in die Stadt, neue Schuhe kaufen. Und eine Jeans. Danach muss er sein Zimmer aufräumen. Und ein Löwenposter aufhängen. Seine Lieblings-CD hat er auch noch nicht gehört.

Luise wartet noch ein bisschen. Dann lässt sie es sein. Weil Leonard ein Quatschkopf ist. Und weil sie außerdem auch nicht stinkt.

Beim Abendessen erzählt Mama von Eva-Marie. Die ist Luises große Cousine und heiratet bald ihren Boris, in den sie verknallt ist.

Etwas später liegt Luise im Bett. Und sie stellt sich vor, wie es ist, wenn Eva-Marie und Boris sich küssen. Und wenn sie Hochzeitskleider tragen und alles. Gern hätte sie Leonard davon erzählt. Aber mit Leonard redet sie im Moment nun mal nicht.

Als sie in die Schule kommt, macht er wieder »Pff!«. Und er hält sich die Nase zu wie Marco und Ben. Und er guckt beim Turnen auch nur kurz zu ihr hin, obwohl sie den Handstand diesmal besonders gut kann.

Leonard kaut auf seiner Lippe.

Bei ihm zu Hause hat sie auch schon einen Kopfstand gemacht. Und sie sind auf den Schrank geklettert und haben gekichert.

Gleich nach dem Mittagessen klingelt er bei Luise an der Wohnungstür und sagt, als sie ihm öffnet: »Vielleicht können wir Nachmittagsfreunde sein.«

»Und was sind wir morgens?«, fragt Luise.

Leonard kratzt sich am Arm. »Na ja.« Er verzieht sein Gesicht.

»Du bist doof«, sagt Luise und schließt vor Leonards Nase die Tür.

»Bin ich nicht«, murmelt Leonard nur und geht in seine Wohnung zurück, aber an diesem Nachmittag fällt ihm irgendwie nichts Richtiges ein. Sein Zimmer ist bereits aufgeräumt. Und zum Alleinspielen hat er keine Lust. Er denkt an Luise. Und daran, dass er kein

bisschen doof ist, er nicht. Den ganzen Nachmittag denkt er daran. Auch am Abend und sogar in der Nacht.

Als er Luise morgens zur Schule abholen will, ist sie leider schon weg. Später sieht er sie wieder bei Lena und Kim stehen. Und sie dreht sich nicht nach ihm um. Dafür empfangen Marco und Ben ihn stürmisch. »Ärgern wir nachher wieder die Mädchen?«

Leonard zuckt mit den Achseln. »Vielleicht«, sagt er und ist froh, dass Frau Siebental in diesem Augenblick kommt. Sie hat eine große Kiste voll alter Hüte, Kleider und Jacken mitgebracht, in die Leonard als Erster hineinsehen darf. Ein bisschen muffelig riecht es darin. Leonard zieht an einem Stück weißen Stoff. Er zieht und zieht, denn der Stoff ist riesig und lang. Und als er ihn endlich aus der Kiste heraus hat, bricht Gelächter und Jubel aus. Leonard hat ein Brautkleid erwischt, das er natürlich gleich anziehen soll.

Leonard schluckt. Aber dann macht er es: steigt in das Brautkleid, das viel zu groß für ihn ist.

»Eine Braut ohne Bräutigam ist keine richtige Braut!«, ruft plötzlich einer, und alle sind begeistert, wollen Leonards Bräutigam sein.

Frau Siebental lacht. »Also!«, sagt sie. »Dann such dir mal einen Bräutigam aus!«

Leonard zögert. Ganz sicher ist er sich nicht. Und wer weiß, ob sie überhaupt will ...?

Noch bevor er es sich wieder anders überlegt, sagt er schnell: »Ich nehme Luise.«

Einen Moment ist es still. Leonard hält die Luft an. Guckt lieber gar nicht erst zu ihr hin. Aber dann steht sie tatsächlich auf und die ganze Klasse klatscht und johlt und alle trampeln mit den Füßen.

Luise wird in einen schwarzen Frack mit Hut und Fliege gesteckt. Und wenig später stehen sie beide auf dem Pult und es wird Hochzeit gefeiert.

»Herzlichen Glückwunsch«, sagt Frau Siebental.

Leonard und Luise gucken sich an. Nur küssen tun sie sich an diesem Tag nicht.

Miststück mit Glitzerzahn

von Achim Bröger

Julia kommt aus dem Badezimmer. Die Zähne sind geputzt, jedenfalls ein bisschen, so zweimal zahnrauf, zahnrunter. Noch mal ins Wohnzimmer geguckt, was die Eltern gerade tun.

Die sitzen in ihren Sesseln und hören Musik. Dabei gucken sie ernst vor sich hin. Sie wollen auf keinen Fall gestört werden. Das sieht man. Ein Wunder, dass sie Julia überhaupt bemerken.

Vater sagt nur: »In einer halben Stunde machst du das Licht aus.«

Mutter nickt und wünscht: »Gut' Nacht.«

Wenn das kein Rausschmiss war. Und jetzt ab ins Bett. Julia drückt den Türgriff ihres Zimmers. Kalt fühlt er sich an. So dreiviertel dunkel ist es im Kinderzimmer. Gerade will sie das Licht anknipsen ... da sieht sie was unterm Bett. Einen Schatten. Dunkel und ziemlich deutlich. Erschrocken schließt sie die Tür.

Julia steht vor ihrem Zimmer und überlegt: Ob der Schatten unterm Bett vorkriecht? Ist er überhaupt noch da? Sie horcht, ihr Herz schlägt sehr aufgeregt.

Langsam öffnet sie die Tür. Gerade weit genug, dass sie zu ihrem Bett an der Wand gegenüber sehen kann.

Alles ist wie vorher im ziemlich dunklen Zimmer. Der Schatten liegt da. Lang und bewegungslos. Sieht er nicht grünlich aus? Das ist doch ... Im Schatten glitzert was. Wie ein Zahn in einem riesigen Mund.

Grünlich? Riesenmaul mit Zähnen? Natürlich ... jetzt weiß Julia, was unter ihrem Bett liegt, schattenhaft und lauernd. Ein Krokodil. Genau. Maul aufgerissen. Solche spitzen Zähne jede Menge. Und einer davon glitzert.

»Bist du endlich im Bett?«, hört Julia ihren Vater aus dem Wohnzimmer.

»Nee!«, ruft sie.

»Dann beeil dich!«, kommt zurück.

Der hat leicht rufen. Die beiden hören gemütlich Musik. Und bei ihr liegt ein Biest unterm Bett. Wartet mit seinem scharfen Glitzerzahn. Da kann sie nicht einfach durchs Zimmer gehen und sich hinlegen. Bestimmt würde das Lauerbiest vorkommen und zuschnappen.

Ich müsste Anlauf nehmen, denkt sie. Rennen und mit einem Satz von der Türschwelle ins Bett springen. Raketenschnell. Viel schneller, als das so ein doofes Krokodil unter seinem grünen Schädel kapiert. Dann die Bettdecke über mich ziehen.

Lieg ich erst im Bett, kommt's bestimmt nicht mehr an mich ran. Aber vielleicht kann's ja schneller schnappen als denken? Hoffentlich nicht.

Von der Wohnungstür aus nimmt Julia Anlauf, den ganzen Flur. Rast auf ihr Zimmer zu. Stoppt allerdings im letzten Augenblick. Der scharfe Zahn glitzert ihr entgegen. Er lässt sie an die anderen Krokozähne denken.

Julia steht an der Türschwelle, starrt unter ihr Bett. Da ist es. Undeutlich zwar, trotzdem erkennt sie's.

Wenn ich das Licht anknipse, seh ich das Biest genau, stellt sie sich vor. Aber sosehr sie sich auch von der Türschwelle ins Zimmer streckt, den Lichtschalter erreicht sie nicht. Und weiter traut sie sich einfach nicht ins Zimmer. Sie muss ja sofort die Tür zuschlagen und wegrennen können.

Endlich hat sie eine Idee, wie sie ins Bett kommen könnte. Dazu braucht sie zwei Stühle. Die holt sie aus der Küche. Den ersten Stuhl will sie ein Stück weit ins Zimmer stellen und draufsteigen. Geschützt wie auf einer Insel wird sie da oben sein. So hoch schnappt das Biest bestimmt nicht. Den anderen Stuhl hält sie vor sich. Zum Rachenstopfen, wenn das Biest ankommt. Als Nächstes stellt sie den zweiten Stuhl noch näher ans Bett und steigt vom ersten rüber auf den zweiten. Jetzt wird der erste Stuhl zum Rachenstopfer. So kommt sie von einer Insel zur anderen und in ihr Bett.

Schon schiebt sie einen Stuhl ins dunkle Zimmer. Da guckt das Biest. Macht solche Augen und grinst. Man sieht's zwar nicht richtig. Aber Julia ahnt das. Es freut sich wohl, dass sie mit den Stühlen kommt. Wahrscheinlich will's vorkriechen, Stühle umschmeißen und ... schnapp!

Die Inselidee war doch nicht gut. Also weg mit den Stühlen. Jetzt fällt auch noch einer um. Der Krach ist wie ein Knopfdruck für Julias Mutter. Sofort ruft sie: »Was polterst du denn?«

Darum kümmern sie sich. Sollten lieber ihr Juliakind ins Bett gebracht, gut zugedeckt und das Krokodil unterm Bett verscheucht haben, denkt Julia.

Bettbeine absägen wäre prima, fällt ihr ein. Zack ist das Vieh unterm Bett gefangen. Aber bestimmt guckt's nicht einfach zu, wenn Julia mit der Säge ankommt. Sie streckt dem Biest die Zunge raus. Als Antwort zeigt es die Zähne. Alle. Puhh.

Also gut ... ich werde verhandeln, überlegt Julia. Mit allerliebster Verhandlungsstimme säuselt sie: »Kroko, pass auf. Lass mich ins Bett. Meine Eltern werden sauer, wenn ich nicht bald drinliege. Die sind so. Ehrlich. Komm, stell dich nicht an. Ich schenk dir auch was Schönes oder ich sing dir was vor. Na ... wie isses?«

Nichts ist. Es will nichts geschenkt oder gesungen haben. Kennt wohl Julias Singstimme. »Ich kann auch anders«, droht sie. Und denkt: Überlisten. Aber wie?

Halt! Ganz einfach! Hunger hat das Biest. Sonst würde es nicht daliegen und auf Julia warten. »Ich bring dir 'ne Scheibe Brot«, bietet sie an. »Magst du Leberwurst oder Käse?«

135

Es liegt unterm Bett im Dunkeln und antwortet keinen Grunzer. »Bist ein Fleischfresser, also gibt's Leberwurst«, entscheidet Julia.

Eben hat's unterm Bett vorgenickt. Ist also einverstanden. »Gleich komm ich wieder«, sagt Julia. Leise in die Küche und die Brotmaschine angestellt. Die tut immer laut wie eine Kreissäge. Das hört man bis ins Wohnzimmer.

Und deswegen hört Julia ihren Vater. »Warum liegst du immer noch nicht im Bett?«

»Weil ich Hunger hab!«, ruft Julia und schmiert Leberwurst aufs Brot. Ganz dick. Dabei fällt ihr ein: Ich könnte das mit dem Biest unter meinem Bett ja auch meinen Eltern erzählen. Sollen's die vertreiben. Nee ... lieber nicht. Bestimmt haut es ab, wenn sie ankommen, ist verschwunden. Und dann meinen sie, dass ich sie angeschwindelt hab.

Außerdem will ich's alleine schaffen. So! Bin tarzanstark und katzenlistig. Werd doch wohl mit einem Krokodil unterm Bett fertig!

Und jetzt kommt die List. Das Leberwurstbrot hat sie schon. Fehlt nur noch das Lasso für die List. Als Wäscheleine hängt es im Besenschrank. Sie knüpft eine Schlinge hinein. Das Wäscheleinenlasso ist fertig.

Ob das Kroko merkt, wenn ich vom Leberwurstbrot abbeiße?, überlegt Julia. Nee ... bei einem so großen Maul merkt das nicht, wenn ein bisschen fehlt. Also beißt Julia ab. Dann geht sie mit Leberwurstbrot und Lasso zu ihrem Zimmer. Macht die Tür auf. Einen Augenblick hofft sie, dass das Biest weg wäre. Ist es aber nicht.

Lasso listig hinterm Rücken versteckt. Das Leberwurstbrot zeigt Julia vor, sagt: »Wird dir schmecken.«

Dann wirft sie es ins Zimmer. Leberwurst oben landet die Scheibe so halb unterm Stuhl.

Gleich schnappt das Biest danach. Julia ist ganz sicher. Im nächsten Augenblick wird sie ihm das Lasso über den verfressenen grünen Kopf werfen und zuziehen. Ganz fest und schnell bindet sie die Leine dann von außen um den Türgriff. Tür zugeworfen. Das Biest zappelt im Kinderzimmer, hängt an der Leine fest. Ist total und mit List im Zimmer gefangen. Danach hol ich die Eltern, denkt Julia.

Die werden sich wundern, was ich schaffe, während sie Musik hören. Das stellt sich Julia genau vor. In der Zwischenzeit steht sie mit dem Lasso hinterm Rücken da, guckt unter ihr Bett. Aber das Biest frisst nichts. Will wohl seine Zähne schonen. Es hat sich sogar noch weiter unterm Bett verkrochen. Julia sieht es kaum.

Jetzt losrasen und ins Bett springen, denkt sie. Aber da knarrt es vom Bett her. Das Biest. Lauert immer noch und frisst nichts. Doofes Miststück mit Glitzerzahn. Hat wohl keinen Appetit, jedenfalls nicht auf Leberwurst.

Die Lassolist ist also zwecklos. Trotzdem grinst Julia. Sie hat nämlich eine neue Idee. Die große Plastikbadewanne fällt ihr ein. Plastik schmeckt niemandem, auch keinem Krokodil. Julia wird sich hinhocken, das Plastikding über sich stülpen und von innen zuhalten. Darunter ist sie geschützt. Als rote Plastikschildkröte will sie zum Bett kriechen. Und wenn das Kroko angreift, spritz ich mit

Mutters Parfüm, nimmt sie sich vor. Das Zeug duftet nicht. Es stinkt so, dass das Biest verduften wird. Prima Idee.

Die Plastikwanne steht in der Küche. Voller Wasser und Wäsche. Deswegen völlig unbrauchbar. Der schöne Plan ist im Eimer. Und jetzt hört Julia wieder ihre Mutter: »Du tappst ja immer noch rum. Was ist denn heute mit dir los?«

»Muss aufs Klo«, sagt Julia. Gleich darauf zieht sie sogar die Klospülung, damit's für die Eltern echt klingt. Ob's überhaupt noch daliegt, das Biest? Erst mal nachsehen.

In Julias Zimmer ist es gerade ziemlich hell. Ein Auto fährt unten vorbei. Seine Lampen werfen Licht an Julias Wand. Das Biest hat sich verkrochen. Ist ziemlich lichtscheu. Julia sieht es gar nicht mehr.

Die Gelegenheit! Schnell zurück bis zur Flurtür. Anlauf. Schneller. Julia rennt flurrunter aufs Kinderzimmer und die weit offene Tür zu. Bloß nicht noch mal stoppen. Kurz hinter der Türschwelle springt sie. Ein Riesensatz. Mitten ins Bett rein, dass es kracht.

Beißt das Biest? Nee ... aber geschnappt hat's. Da war so ein Geräusch.

Julia liegt wirklich in ihrem Bett. Das kann sie kaum glauben. Erst mal nicht rühren. Sie lauscht nach unten, zum Biest. Lauscht mit Riesenherzklopfen. Dort lauert's. Aber sie ist hier in Sicherheit. Ganz bestimmt.

Das Biest tut unterm Bett so, als wär's nicht mehr da. Julia zieht die Decke hoch, drückt sich an die Wand. Nur nicht die Hand raushängen lassen.

Es ist so merkwürdig ruhig. »Kroko«, lockt sie es. Vielleicht gibt's ja Antwort. »Du ... Kroko ... ich erzähl dir was ... wir könnten in

den Zoo fahren. Wir beide. Zu deiner Verwandtschaft. Aber ich komm nur mit, wenn du mich nicht beißt. Musst du versprechen.«

Aber das Biest verspricht nichts. Kein Wunder. Auf dem Flur kommen Schritte ... ihr Vater. Endlich lässt sich einer von den Eltern blicken. Er knipst das Licht an.

»Du sollst nicht ins Bett hüpfen«, sagt er.

Sie will ihn warnen. »Das Biest ...«, fängt sie schon an.

Aber er redet weiter. »Wenn du ins Bett gehst, klingt das, als würde eine Bombe einschlagen. Und es hat heute ja wieder unheimlich lange gedauert«, sagt er. Dann streichelt er ihr über den Kopf und wünscht: »Schlaf gut.«

»Werd's versuchen«, sagt Julia. »Lass das Licht noch an.« Erzählen will sie ihm heute nicht mehr, wie das vorhin war. Vielleicht morgen.

Er ist draußen. Vorsichtig guckt Julia unter ihr Bett. Nee ... das Biest liegt und lauert nicht mehr. Blitzschnell muss es verschwunden sein, als ihr Vater reinkam. Zum Glück hat er das Leberwurstbrot auf dem Boden übersehen. Sie holt's sich. Sieht gut aus.

Julia setzt sich auf die Bettkante und futtert Leberwurstbrot. Eigentlich will sie ihre Beine einfach baumeln lassen. Das tut sie dann aber lieber doch nicht. Beine anziehen ist sicherer. Man weiß ja nie, ob so 'n Biest nicht noch mal auftaucht und plötzlich zuschnappt.

Der geheimnisvolle Ritter Namenlos

von Cornelia Funke

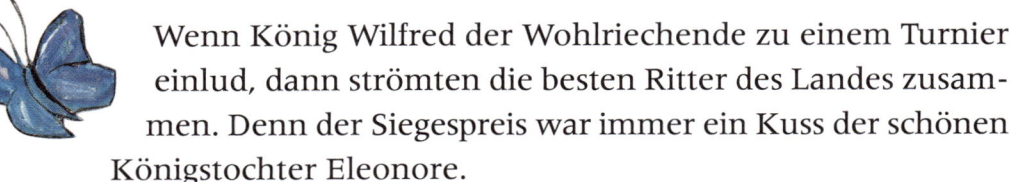

Wenn König Wilfred der Wohlriechende zu einem Turnier einlud, dann strömten die besten Ritter des Landes zusammen. Denn der Siegespreis war immer ein Kuss der schönen Königstochter Eleonore.

König Wilfred veranstaltete sehr viele Turniere und Eleonore musste sehr viele siegreiche Ritter küssen. Eines schönen Tages wurde ihr das zu bunt.

»Diese Ritter sind genauso hohl wie ihre Rüstungen«, sagte sie zu ihrem Vater. »Sie stinken nach Rost und Schweiß und haben nichts im Kopf als ihre Schwerter und ihre Wappen. Schluss! Ich werde nie wieder einen dieser Blechköpfe küssen!«

Darüber war König Wilfred so sehr verärgert, dass er Eleonore drei Tage in den kalten Burgturm sperren ließ, zu den Ratten und Fledermäusen. Aber die Prinzessin war nicht nur schön, sondern auch sehr klug, und so nutzte sie die Zeit, um eine List zu ersinnen ...

Zum nächsten Turnier ging sie brav wieder mit. Aber während der König den Rittern Eleonores Schönheit pries und dem Sieger einen Kuss von ihr versprach, tauschte die Prinzessin den Platz mit ihrer Zofe und verschwand hinter der festlich geschmückten Tribüne. Der König merkte nichts. Die Zofe trug ein Kleid seiner Tochter und vor dem Gesicht einen dicken Schleier, was sollte er da merken?

Eleonore hatte alles sorgfältig vorbereitet. Sie zog die silberne Rüstung an, die sie im Gebüsch versteckt hatte, schnallte sich ein Schwert um, ergriff eine Lanze und stieg auf den prächtigsten Schimmel aus dem Stall des Königs. Dann schloss sie das Visier und galoppierte auf den Turnierplatz. Vor dem Thron ihres Vaters zügelte sie ihr Pferd und senkte die Lanze.

»Ich bin der Namenlose Ritter!«, verkündete sie mit verstellter

Stimme. »Und ich werde jeden Ritter in den Staub werfen, der es wagt sich mit mir zu messen.«

Wilfred der Wohlriechende war verblüfft.

»Wohlan, edler Ritter«, sagte er. »Dann lasst den Kampf beginnen.«

Die Trompeten erklangen und Sigurd von Donnerbalk, gefürchtet auf allen Turnierplätzen, ritt in die Schranken. Mit donnerndem Galopp stürmte er auf den Namenlosen Ritter zu. Aber als Sigurd noch genau einen Pferdesprung entfernt war, hängte sich der Namenlose Ritter blitzschnell auf die Seite seines Pferdes, Sigurds Lanze stieß ins Leere und Sigurd von Donnerbalk flog über den Hals seines Pferdes in den Staub.

Nummer eins.

Auf den Rängen herrschte erstauntes Schweigen. Dann brach der Jubel los. Der Namenlose Ritter ritt an den Anfang der Schranke zurück und wartete auf den nächsten Gegner.

Das war Hartmann von Hirsingen. Ihm erging es nicht besser als seinem Vorgänger. Der Namenlose Ritter stieß ihn kurzerhand mit dem Fuß aus dem Sattel.

Nummer zwei.

Es folgten Heinrich von Hirsekorn, Götz von Gruselstein und Neidhart von Fieslingen. Sie landeten alle im Staub. Der Rest der edlen Ritterschaft weigerte sich daraufhin, zum Kampf anzutreten. Der König erklärte den Namenlosen Ritter zum Turniersieger.

»Ich danke Euch, Majestät!«, sagte der Ritter mit einer Verbeugung. »Und nun wird es Zeit für mich heimzureiten.«

»Aber Euer Preis!«, rief der König. »Vergesst nicht Euren Preis. Den Kuss von meiner schönen Tochter!«

»Lieber nicht«, sagte der Namenlose Ritter. »Ein Kuss von Euch wäre mir lieber.«

»Was?«, stammelte der König. »Ähm, wie?«

Da nahm der Namenlose Ritter seinen Helm ab.

»Guten Tag, Vater«, sagte die schöne Eleonore. Sie beugte sich vom Pferd herab und gab dem König einen dicken Kuss auf die Nase.

Der war zum allerersten Mal in seinem königlichen Leben vollkommen sprachlos.

»Und nun zu euch, ihr Blechköpfe«, sagte die Prinzessin und wandte sich den geschlagenen Rittern zu.

Schief und krumm, mit schmerzenden Gliedern saßen sie auf ihren Pferden und verbargen ihre schamroten Gesichter hinter den geschlossenen Visieren.

»Von heute an gilt, wer Eleonore küssen will, muss erst mit dem Namenlosen Ritter kämpfen. Habt ihr das verstanden, ihr Blechköpfe?«, fragte die Prinzessin.

Keiner der Ritter gab Antwort. Wütend rissen sie ihre Pferde herum und galoppierten vom Turnierplatz, verfolgt vom Gelächter der Zuschauer.

Kein Ritter wollte je wieder mit dem Namenlosen kämpfen. Eleonore musste nie wieder einen Blechkopf küssen. Sie heiratete den Rosengärtner ihres Vaters und wurde sehr glücklich.

Keine Zeit für Paula

von Angelika Glitz

Paula hüpfte auf Socken die Treppe hinunter und es machte »pitsch, patsch, pitsch, patsch«. Das lag daran, dass Paulas Socken nass wie Waschlappen waren.

In Paulas Arm schaukelte Prinzessin. Sie war einmal die schönste Puppe der Welt gewesen. Einmal oder – um genau zu sein – bis heute Morgen. Da war sie in Paulas Schokoladenbrot geflogen. Und so etwas bekommt Prinzessinnen selten gut.

»Mama!«, rief Paula und stürmte in die Küche, wo Mama fröhlich summte und einen Eimer Äpfel schälte. »Mama, du musst mir helfen.«

»Bitte helfen, heißt das«, sagte Mama. »Weißt du doch.«

Paula stöhnte. »Bitte helfen, meinetwegen.«

»So klingt das viel netter«, erklärte Mama. »So helfe ich dir gerne – sofort wenn ich diesen Apfelstrudel fertig gebacken habe. Frag doch bis dahin Jasper, ob er mit dir spielt.«

Paula stopfte sich zwei Apfelstücke in den Mund und lief den Flur entlang zu Jaspers Zimmer. Ihr Bruder saß vor einem weißen Schreibheft. Sein rosiges Gesicht ruhte auf beiden Händen. Und seine Augen waren geschlossen.

Als Paula ihn in den Po zwickte, zuckte er zusammen. Und als er Paula sah, plumpste er vor Schreck vom Stuhl.

»Keine Zeit«, stieß er hervor. »Überhaupt gar keine Zeit, wie du siehst!« Ächzend zog er sich vom Boden hoch und pflanzte seinen Hintern in die Mitte des Stuhls zurück.

»Aber du schläfst doch«, sagte Paula und zupfte Prinzessin ein paar Schokoköttel aus dem Haar.

»Ich, schlafen!« Jasper lachte. »Siehst du nicht, wie sehr ich nachdenke. Schau dir diese Falte an.« Er tippte sich mit seinem Finger an die Stirn. »So eine schöne Falte bekommt nur, wer viel nachdenkt. Und jetzt nerv zur Abwechslung mal deine Schwester.«

Dann schob er Paula durch sein Zimmer auf den Flur hinaus und schmetterte die Tür ins Schloss.

Paulas Schwester Vera thronte zwischen vielen Kissen im Wohnzimmer und redete mit dem Telefonhörer. »Du, heut in der Pause hat mich Jörgi angelächelt. Der lächelt so süß.«

Paula zupfte an der Telefonschnur.

»Süß«, wiederholte Vera und zeigte Paula einen Vogel. »So süß!«

Paula schob ihren Mund nah an Veras Ohr, holte Luft und rief, dass der Ohrring daran zu schaukeln begann: »SOS, SOS!«

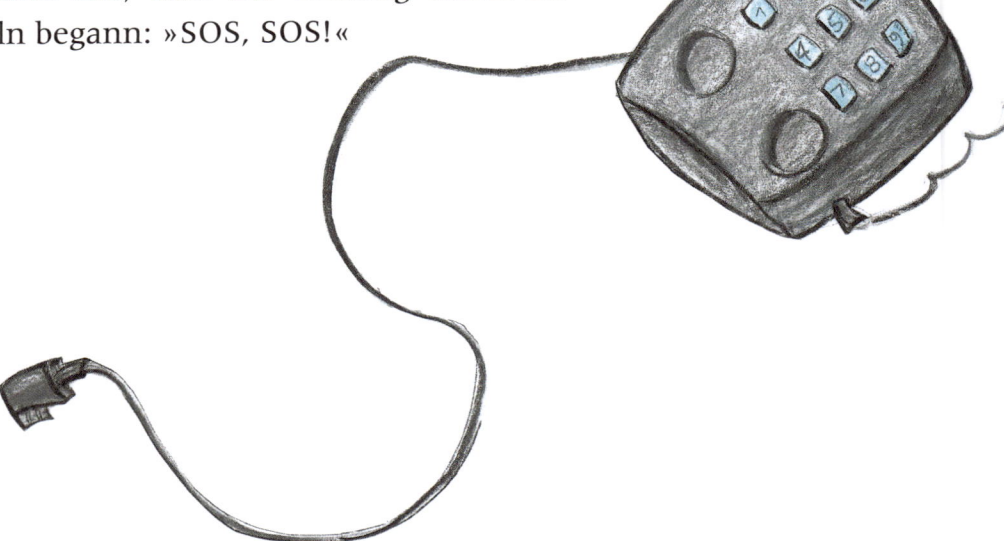

»SOS« rufen die Seeleute, wenn ihnen das Wasser bis zum Hals steht. Das hatte Jasper Paula erklärt.

»SOS!!!«

Vera sprang auf wie der Frosch, auf den Paula im Sommer beinah getreten war. »Bist du total verrückt?«, brüllte sie, während in ihrem Gesicht ein paar prächtige Flecken auftauchten. »Verpuff dich samt Puppe zu Mama!«

148

»Pfffft«, machte Paula. »Und dich soll die Sintflut holen und den Gully runtergurgeln. Samt Jörgi.«

Da ließ Vera verträumt die Augenlider hängen. »Weißt du, Jörgi hat seinen Rettungsschwimmer. Der kann durch das ganze Becken tauchen ohne Nasezuhalten. Für den ist so ein Gully null problemo.« Dann wedelte sie mit dem Telefonhörer in Richtung Tür. »Und nun zieh Leine, Paula.«

Das tat Paula. Sie zog an der Leine, die das Telefon mit der Buchse verband. Sie zog, bis das Telefon zu Boden glitt und nur noch leise vor sich hin piepste. Dann ging sie in die Küche, wo Mama Eier auf den Schüsselrand schlug.

»Du, Mama«, sagte Paula.

»Sofort, Süße«, sagte Mama und Paula krabbelte auf die Küchenbank. Sie ließ die Beine baumeln und beobachtete den langsam größer werdenden Fleck an der Decke, der wie 'ne Qualle aussah.

»Mama, du«, sagte Paula.

»Sofort, Süße«, wiederholte Mama und warf ein paar Eierschalen in den Mülleimer.

»Du, ich erzähl Prinzessin eine Geschichte bis ›sofort‹«, sagte Paula.

»Großartig«, lobte Mama.

»Du darfst ruhig zuhören.«

Mama nickte und lächelte.

»Es war mal 'ne Prinzessin«, fing Paula an. »Die war die schönste Prinzessin, die du je gesehen hast.«

Mama grinste.

»Doch eines Morgens fiel ihr Kopf in ein Brot mit dick Schokolade drauf.«

Mama schaute Paulas schokoladenschwarze Puppe an und kicherte.

»Da kam die Königin, zog das Brot aus den Prinzessinnenhaaren und ließ der Prinzessin ein Bad ein. Ein Bad mit unheimlich viel Schaum. Hörst du auch zu, Mama?«

»Aber natürlich, Süße«, sagte Mama und angelte die Milchtüte aus dem Kühlschrank.

»Aber der Wasserhahn ging nicht mehr zu, Mama.«

»Ja, der klemmt manchmal«, lachte ihre Mutter.

»Das Wasser lief auf den Fußboden und meine Socken wurden nass. Pitschnass. Da bin ich schnell runter, um zu fragen, ob mir jemand hilft ...«

Entsetzt drehte sich Mama um. Die Milchtüte rutschte ihr aus der Hand und flatschte zu Boden. »Was, was, was?«, rief sie.

Und der erste Wassertropfen fiel vom Badezimmer durch die Decke und landete – plopp – auf Mamas Nasenspitze.

Prinzessin Frosch

von Gabriele Dietz

In einer längst vergangenen Zeit lebte ein Zar, der hatte drei Söhne. Als die Söhne in das Alter gekommen waren, in dem es Zeit war, sich eine Frau zu suchen, rief der Zar sie zu sich und sprach: »Liebe Kinder, ich bin alt und werde mein Reich nicht mehr lange regieren können. Ich möchte, dass ihr euch verheiratet.«

Er ging mit seinen Söhnen in den Palasthof, hieß sie ihre silbernen Bogen herbeiholen und sagte: »Nun schießt jeder einen Pfeil ab. Die ihn findet, die soll ein jeder zur Braut nehmen.«

Die Söhne waren einverstanden und liefen, ihre schönen Bogen zu holen. Der Älteste legte einen Pfeil an die Sehne, hob den Bogen und ließ den Pfeil davonschnellen – hoch durch die Luft, so weit, dass kein Auge ihm zu folgen vermochte.

Der Zarensohn schwang sich auf sein Pferd, um nachzusehen, wo sein Pfeil niedergefallen wäre. Die Tochter eines anderen Zaren hatte den Pfeil gefunden und trug ihn stolz zu ihrem Vater.

»Sieh, Vater«, sagte das Mädchen eitel, »sieh, was ich gefunden habe.«

Der Vater betrachtete den schön verzierten Pfeil und antwortete: »Den heb gut auf, mein Kind, und gib ihn nur dem, der dich zur Frau nehmen will.«

Bald kam der Zarensohn geritten und sagte zu dem Mädchen: »Hast du einen Pfeil gefunden?«

»Ja, das habe ich«, erwiderte sie und lief schnell, ihn zu holen.

»Gib ihn«, sagte er.

»Den Pfeil will ich nur dem geben, der mich zur Frau nimmt«, entgegnete das Mädchen.

»Das will ich tun«, sprach der Zarensohn, ging zu ihrem Vater und hielt um ihre Hand an. So wurde die Hochzeit besprochen.

Der zweite Sohn hatte ebenfalls den Bogen angelegt und seinen Pfeil abgeschossen – hoch flog er, nicht so hoch wie der Pfeil seines

Bruders, aber doch so weit, dass niemand wusste, wohin er gefallen war.

Er bohrte die Spitze in den Garten eines Fürstenhofes und die Tochter lief hinzu und zog ihn aus der Erde.

»Sieh nur, Vater, was ich gefunden habe!«, rief sie stolz und zeigte dem Fürsten den schönen Pfeil.

Der Vater antwortete: »Heb ihn auf, Tochter, nur der soll ihn haben, der dich zur Frau nimmt.«

Bald kam der zweite Zarensohn in den Fürstenhof geritten und suchte seinen Pfeil. »Hast du einen Pfeil gefunden?«, fragte er das Mädchen.

»Ja, das habe ich«, antwortete sie, »aber ich gebe ihn nur dem, der mich heiraten will.«

Der Zarensohn sah, dass es sein Pfeil war, den das Mädchen hatte, und er war es zufrieden und sprach: »So will ich dich heiraten.«

Man führte ihn zu dem Fürsten und die Hochzeit wurde vereinbart.

Auch der dritte Sohn des Zaren schoss einen Pfeil ab, doch er flog nicht hoch und nicht tief, nicht weit und nicht schnell – gleich drüben im Sumpf fiel er nieder. Dort saß eine dicke grüne Kröte, die fand den Pfeil, hob ihn auf und wartete. Nicht lange, so kam der jüngste Zarensohn und suchte seinen Pfeil. Als er die Kröte sah, sprach er: »Gib mir meinen Pfeil zurück!«

Und die Kröte antwortete: »Nur wenn du mich zur Frau nimmst!«

Was sollte Iwan Zarewitsch da tun? Er nahm das Tier auf die Hand und trug es heim in den Palast.

Am Abend versammelte der Zar seine Söhne bei sich und fragte: »Nun, meine Kinder, habt ihr eine Frau gefunden?«

»Ja, Vater«, sprach der erste, »mein Pfeil ist in einen Zarenhof gefallen und ich habe mich der Zarentochter versprochen.«

»Und mein Pfeil, lieber Vater«, sprach der zweite, »ist in einen Fürstenhof gefallen und ich will die Tochter des Fürsten heiraten.«

Der jüngste Sohn sagte nichts, er stand nur da und weinte und schien untröstlich.

»Iwan Zarewitsch, was ist mit dir?«, wollte sein Vater wissen. »Wer hat den Pfeil von deinem Bogen gefunden?«

»Ach, Vater«, schluchzte der Junge, »mein Pfeil ist in den Sumpf gefallen. Eine eklige grüne Kröte hat ihn gefunden und will, dass ich sie heirate!«

Der Vater sagte: »Ein Gelöbnis soll nicht gebrochen werden. Du musst den Frosch heiraten. Wer weiß, wozu das noch gut sein wird.«

Und so wurde Hochzeit gefeiert. Der älteste Sohn bekam die Za-

rentochter, der zweite die Fürstentochter und Iwan Zarewitsch musste die Kröte heiraten.

Sie hatten schon ein Weilchen miteinander gelebt, da gefiel es dem Zaren, seinen Schwiegertöchtern eine Aufgabe zu stellen.

»Ich will«, so befahl er, »dass ihr mir Tücher webt. Morgen früh sollen sie fertig sein!«

Als Iwan Zarewitsch hörte, was sein Vater verlangte, ging er trübsinnig in die Kammer seiner Frau. Der Frosch saß ganz munter da und fragte ihn: »Was bist du so traurig, Iwan Zarewitsch?«

»Ich bin traurig, weil du es nicht verstehst, Tücher zu weben, und mein Vater mich verachten wird.«

»Nur keine Angst«, sprach der Frosch. »Leg dich ruhig schlafen, ich will mich schon anstrengen.«

Kaum war der Mann eingeschlafen, da stieg ein Mädchen aus der Froschhaut, klatschte in die Hände, pfiff, schrie und rief, und eine ganze Schar von Dienerinnen und Mägden sprang herbei und begann, gemeinsam mit ihr Tücher zu weben. Und noch ehe die Nacht herum war, hatten sie einen Stapel feinsten Tuches fertig, den das Mädchen neben das Lager ihres Mannes legte. Ihre Mägde verschwanden, sie aber schlüpfte wieder in ihre Froschhaut und legte sich neben ihn.

Als Iwan Zarewitsch erwachte, erblickte er die Tücher und voller Freude lief er damit zu seinem Vater. Der Zar lobte die Tücher und ließ sie in sein Gemach bringen; die Tücher der anderen Schwiegertöchter aber waren nur soso, die konnten nur als Putzlappen in der Küche gebraucht werden.

Bald darauf kam es dem Zaren in den Sinn, seine Schwiegertöchter noch einmal zu prüfen. Er ordnete an, sie sollten Buchweizenfladen machen und sie ihm am nächsten Tag bringen.

Die Zarentochter und die Fürstentochter hatten noch nie gekocht oder gebacken und wussten nicht, wie sie's anstellen sollten. »Wir wollen doch einmal sehen, wie das Fröschlein es macht«, sprachen sie listig und sahen ihr durchs Schlüsselloch zu. Die Kröte begann in aller Ruhe Teig anzurühren, immer dünner und dünner machte sie den Teig, dann sprang sie auf den Ofen und goss den Teig ins Ofenloch.

»So macht man also Buchweizenfladen«, dachten die beiden, die vor dem Schlüsselloch standen, liefen in ihre Gemächer und taten es der Kröte gleich.

Die aber, als die Nacht hereingebrochen war, legte wieder ihre Froschhaut ab, klatschte in die Hände, pfiff, rief und schrie, und schon kamen ihre Dienerinnen und Mägde herbei und gemeinsam buken sie die köstlichsten Buchweizenfladen, die man sich nur vorstellen kann.

Als Iwan Zarewitsch am anderen Morgen erwachte, stand eine große Platte mit herrlichen Buchweizenfladen neben seinem Bett. Die brachte er zu seinem Vater. Der Zar kostete von den Kuchen und sie waren so gut, wie er noch keine gegessen hatte.

»Deine Frau«, sprach er, »deine Frau, dieser Frosch, versteht es, zu nähen und zu backen.«

Die Buchweizenfladen seiner anderen Schwiegertöchter aber ließ er den Schweinen in den Trog werfen, so grässlich waren sie.

Über ein Weilchen gelüstete es den Zaren, ein großes Fest zu feiern, und seine Söhne mit ihren Frauen sollten auf diesem Ball tanzen. Die Zarentochter und die Fürstentochter freuten sich und ließen sich neue, teure Kleider machen, aber Iwan Zarewitsch ging niedergeschlagen heim zu seinem Frosch.

»Gräme dich nicht«, sprach seine Frau, »ich werde schon Rat wissen. Manches Schöne steckt in einer sonderbaren Gestalt.« Als Iwan Zarewitsch sich aber nicht trösten lassen wollte, sprang sie auf seinen Schoß und sagte: »Hör, mein lieber Mann. Geh morgen allein zu dem Fest. Ich will später nachkommen. Wenn es anfängt zu regnen, freue dich: Dann wasche ich mich mit Regentau. Wenn es blitzt, dann merke dir: Deine Frau zieht sich den Feststaat an. Und wenn du endlich den Donner hörst, dann bin ich schon auf dem Weg zu dir.«

Iwan Zarewitsch sah den Frosch verwundert an, aber was sollte er machen? Er schickte sich in die Worte seiner Frau und ging zu Bett. Am anderen Tage machte er sich allein auf den Weg zu dem großen Fest. Als seine Brüder und ihre Frauen ihn kommen sahen, fingen sie an zu lachen und zu spotten.

»Da kommt er ja, unser Froschgemahl!«, rief die Zarentochter. »Wo hat er denn seine Prinzessin gelassen?«

»Prinzessin Frosch«, lachte die Fürstentochter, »sie trocknet sich noch die Pfoten und kommt dann angelaufen.«

»Sie wird schon noch kommen«, entgegnete Iwan Zarewitsch nur und setzte sich an die Tafel. Und als es draußen zu regnen begann, da sagte er: »Jetzt wäscht sich meine Frau mit dem Regentau.«

Als es blitzte, sagte er: »Jetzt zieht sich meine Frau ihr Festkleid an«, und als es schließlich donnerte: »Nun wird sie schon auf dem Wege sein.«

Die Brüder und ihre Frauen sahen ihn an, als sei er nicht ganz richtig im Kopf, wie aber staunten sie, als wenig danach eine Kutsche gemeldet wurde und eine Prinzessin in den Saal trat. Die Prinzessin ging geradewegs auf Iwan Zarewitsch zu, verneigte sich vor ihm und sprach: »Entschuldige, dass ich mich verspätet habe!« Und sie setzte sich zu ihm, und jedermann wusste, dass das Iwan Zarewitschs Frau sein musste. Wie hatte der Frosch sich verwandelt! Die Prinzessin war schön, so wunderschön, wie es sie nur im Märchen gibt. Iwan Zarewitsch konnte sich nicht sattsehen an ihr, und als die Musik begann, da tanzte er mit ihr und war so froh wie noch nie in seinem Leben.

Er hätte aber nur zu gern gewusst, wie der ganze Zauber zustande gekommen war. So machte er sich in einer Pause schnell unbemerkt davon und fuhr heim in den Palast seines Vaters. Dort eilte er in das Gemach seiner Frau und sah neben ihrem Bett die Froschhaut liegen. Und weil er so froh war, dass seine Prinzessin kein Frosch mehr war, nahm er die Haut und warf sie in den Kamin, wo sie zu einem Häufchen Asche verbrannte.

Als Iwan Zarewitsch spät in der Nacht mit seiner Frau von dem Fest heimkehrte, fing sie sofort an, nach ihrer Froschhaut zu suchen. Immer unruhiger und ängstlicher wurde sie und schließlich rief sie verzweifelt: »Iwan Zarewitsch, weißt du, wo meine Froschhaut ist?«

»Die habe ich verbrannt«, erwiderte er unglücklich, denn er merkte schon, dass es nicht recht gewesen war, was er getan hatte.

Da setzte sich das Mädchen auf einen Stuhl und fing an zu weinen. »Warum hast du das getan?«, schluchzte sie. »Ich bin eine Prinzessin. Fast waren sie herum, die drei Jahre, die ich verzaubert als Frosch leben musste, nur wenige Tage haben noch gefehlt. Aber ohne die Froschhaut kann ich nicht bei dir bleiben. Ich muss ins dreißigste Zarenreich, ins dreißigste fremde Reich zu der Baba-Jaga, der alten Hexe Knochenbein. Such mich dort, vielleicht wirst du mich finden. Lebe wohl.«

Kaum hatte sie diese Worte gesprochen, da verwandelte sie sich in einen Kuckuck und flog zum Fenster hinaus.

Iwan Zarewitsch war untröstlich. Ohne zu zögern, schnürte er sein Bündel und machte sich auf die Suche nach seiner Frau. Er lief und lief, immer weiter und weiter, und endlich traf er in einem dunklen Wald einen sonderbaren alten Mann.

»Was machst du hier in meinem Wald, Bursche?«, fragte der Alte.

»Ich bin auf der Suche nach meiner Frau, der Prinzessin Frosch. Sie ist weit, weit von hier im dreißigsten Zarenreich, im dreißigsten fremden Reich bei der Baba-Jaga, der Hexe Knochenbein. Könnt Ihr mir nicht sagen, wie ich dorthin gelange?«

»Natürlich kann ich dir das sagen«, entgegnete der Alte. »Nimm dieses Knäuel hier und rolle es vor dir her, so wird es dir den Weg zeigen.«

Iwan Zarewitsch dankte dem Mann, nahm das Knäuel, rollte es vor sich her und folgte ihm nach. Das Knäuel führte ihn tiefer und tiefer in den Wald hinein und es wurde dunkler und immer dunkler um ihn herum. Einmal hörte er hinter sich ein dumpfes Brummen, er wandte sich um und erblickte einen großen Bären. Schon wollte er seinen Bogen anlegen und auf das Tier zielen, da sprach der Bär zu ihm: »Schieß nicht auf mich! Ich bin kein Tier und werde es dir vergelten.«

Da ließ Iwan Zarewitsch den Bogen sinken und der Bär lief davon. Wenig später begegnete ihm ein Falke, und als er auf ihn anlegen wollte, sprach der Vogel: »Schieß nicht auf mich! Ich bin kein Tier und werde es dir vergelten.« Und Iwan Zarewitsch ließ auch den Falken leben.

Weiter und immer weiter lief er dem Knäuel nach und schließlich gelangte er an ein Meer. Am Ufer fand er einen großen Hecht, der lag auf dem Trockenen und konnte nicht ins Wasser zurück. Der Zarensohn nahm ihn auf und wollte ihn eben töten und verspeisen, da rief der Fisch ihn an: Töte mich nicht! Ich bin kein Tier und werde es dir vergelten.« So warf der Junge den Hecht ins Wasser und setzte seinen Weg fort.

Endlich kam er in das dreißigste Zarenreich, das dreißigste fremde Reich, und dort fand er in einem dunklen Wald eine alte schiefe

Hütte, die auf einem dünnen Hühnerbeinchen stand. Das war das Haus der alten Hexe Knochenbein.

Mutig öffnete er die Tür und trat ein. Da lag die Hexe auf dem Ofen und sah so schaurig aus, dass es Iwan Zarewitsch mit der Angst bekam.

»Ah, sieh an, da kommt einer«, sprach ihn die Hexe an. »Kommt er, jemanden zu suchen oder sich zu verstecken?«

»Ich suche meine Frau, die verzauberte Prinzessin, den grünen Frosch«, antwortete Iwan Zarewitsch. »Wisst Ihr, wo ich sie finden kann?«

»Das weiß ich wohl«, sagte die Alte. »Sie dient bei meinem Bruder als Magd.«

»Wie kann ich zu ihr gelangen?«, fragte er.

»Das ist ein gefährlicher Weg«, sprach sie. »Du musst auf die Insel im Meer, auf die noch kein Mensch gelangen konnte. Dort sitzt sie

in seinem Palast und muss ihm zu Diensten sein. Du musst sie rasch packen und mit dir nehmen, sonst ist alles verloren.«

Iwan Zarewitsch dankte der Baba-Jaga und setzte seinen Weg fort. Nach vielen Tagen und Nächten kam er wieder an ein Meer, in dem lag fern dem Ufer eine Insel, und es war noch größer und stürmischer als das erste, das er gesehen hatte. Keine Brücke und kein Steg führte über das Wasser, nirgendwo lag ein Boot am Ufer. So nahe war er nun seinem Ziel und wusste doch nicht, was er tun sollte.

Da schwamm mit einem Mal der Hecht am Ufer entlang und rief: »Was hast du, dass du so traurig bist?«

Iwan Zarewitsch erzählte ihm von der Insel im Meer und dass er nicht wüsste, wie er hinüberkommen sollte. Da schlug der Fisch mit seiner Schwanzflosse auf die Wellen und eine große silberne Brücke wuchs aus dem Wasser und spannte sich bis zur Insel hinüber. Der Zarensohn ging auf der Brücke zu der Insel und kam dort abermals in einen tiefen Wald. Es war ein Wald, so dicht, dass er nicht die Hand vor Augen mehr sehen konnte. Iwan Zarewitsch begann zu weinen; so nah war er seinem Ziel und nichts schien ihm zu gelingen. Hier im dunklen Wald würde er verhungern müssen.

Da stieß plötzlich ein Falke vom Himmel und fing einen Hasen, den legte er Iwan Zarewitsch zu Füßen und flog wieder hinauf in den Himmel. Und Iwan Zarewitsch zog dem Hasen das Fell über die Ohren und aß ihn auf. Gesättigt und ermutigt brach er abermals auf und suchte nach einem Weg durch das dichte Buschwerk des Waldes, aber er konnte nirgendwo einen Durchschlupf finden. Da stand ein großer Bär bei ihm, der hieb mit seinen Tatzen die Äste und Zweige beiseite und schlug einen Pfad durch den Wald bis zu dem Palast des Bruders der Hexe Knochenbein. Dann wandte der Bär sich ab und verschwand so schnell, wie er gekommen war.

Iwan Zarewitsch stand nun vor dem Palast auf der Insel im Meer und das Herz klopfte ihm bis zum Halse. Er ging auf den Palast zu, der wie ausgestorben dalag, und öffnete die erste Tür. Die war ganz aus Eisen. Er gelangte zu einer zweiten Tür, die aus Silber war, und ging auch durch die hindurch. Da stand er vor einer goldenen Tür, und als er die öffnete, fand er in einem goldenen Zimmer seine Prinzessin, die traurig und müde aussah.

»Da kommst du endlich, mein lieber Mann«, rief sie glücklich. Er wollte sie packen und mit ihr davoneilen, wie es die Baba-Jaga gesagt hatte, aber sie sträubte sich und hielt ihn zurück.

»Du bist zu spät gekommen. Jeden Augenblick kann der Bruder der Hexe hier eintreffen und dann geht es dir schlecht!«

Und ehe Iwan Zarewitsch noch etwas erwidern konnte, hatte sie sich schon in einen Kuckuck verwandelt. Er mochte sich noch so sträuben, wie er wollte, sie nahm ihn unter ihre Fittiche und flog mit ihm heim. Und sie lebten noch lange glücklich und zufrieden miteinander.

Märchen aus Russland

Edeltraut spielt mit einem Bürgermeister Fangen

von Josef Guggenmos

Im Menschenlande war es Herbst, als die Windsbraut Edeltraut über Land flog. Auf einem Feldweg fand sie Staub, den sie in die Höhe wirbeln konnte. Sonst gab es nichts zu tun. Noch vor Kurzem hatte überall Heu auf den Wiesen und gemähtes Getreide auf den Feldern gelegen, doch nun war alles in die Scheunen geschafft.

Da war Edeltraut richtig froh, als sie einen Windsbräutigam herankommen sah. Mal sehen, was das für einer ist, dachte sie. Vielleicht wird's lustig.

Da war er schon herangebraust.

»Na, auch unterwegs?«, rief er.

»Langweilig heute«, sagte sie. »Gut, dass bald die Blätter von den Bäumen fallen, dann gibt's wieder zu tun.«

Die beiden liefen schweigend ein Stück nebeneinanderher. Der Windsbräutigam hatte Edeltraut aus dem Weg gedrängt. Jetzt war er es, der den Staub auf dem Feldweg emporwirbelte; sie musste froh sein, wenn sie auf den Stoppelfeldern noch da und dort einen Strohhalm fand.

Da entdeckte sie etwas. »Schau mal, zwei herrliche Heuhaufen! Dort drüben am Hang!«

Im Nu waren die beiden am Hang. Und schon war der Windsbräutigam in den ersten Heuhaufen gerannt und hatte die tausend Halme bis zu den Wolken emporgeschleudert.

»Aber den krieg ich!«, rief Edeltraut und lief zum zweiten Haufen.

Doch da war schon der Windsbräutigam zur Stelle und stieß sie beiseite.

»Weg da!«, brüllte er. »Ich kann das besser!«

»Na, wie habe ich das gemacht?«, fragte er, als kein Halm mehr am Boden lag.

»Großartig«, bemerkte sie trocken. Sie ließ sich ihren Ärger nicht anmerken. »Übrigens, ich heiße Edeltraut. Und wie heißt du?«

»Daradiridatumtarides!«, rief er prahlerisch.

»Dara«, sagte sie, »du hast einen prächtigen Namen.«

»Dara?«, rief er empört. »Daradiridatumtarides heiße ich!«

»Daradiri-und-so-weiter«, bemerkte sie spöttisch, »wenn ich mal Zeit habe, lerne ich deinen Namen auswendig. Sag mal, wo wohnst du?«

»In einem Schloss natürlich!«

Dieses Schloss möchte ich sehen, dachte Edeltraut. »Willst du mir dein Schloss nicht zeigen?«, fragte sie.

»Hm«, entgegnete er verlegen. »Meintwegen, komm mit.«

Die beiden zogen über einige Hügel, dann waren sie am Schloss. Es war allerdings nicht mehr viel davon übrig. Vor Jahrhunderten war es eine Raubritterburg gewesen, jetzt standen nur noch ein paar Mauern.

Als die beiden ankamen, wurden sie von einem aufgeregten Gewisper begrüßt. In dem alten Gemäuer wohnte nämlich außer dem Windsbräutigam noch jemand, eine kleine graue Maus.

»Ich habe heute etwas entdeckt!«, rief sie ganz außer sich. »Etwas Gruseliges aus der Raubritterzeit. Ein Glück, dass ich damals nicht lebte. Kommt, ich will es euch zeigen.«

Die Maus schlüpfte durch ein Mauerloch. Die beiden andern wollten ihr folgen, aber in dem engen Durchgang stießen sie zusammen. Für beide war das Tor zu klein und keines wollte dem anderen den Vortritt lassen.

Edeltraut dachte sich: Mal sehen, was passiert, wenn ich diesmal nicht nachgebe!

Die Maus drehte sich zu den beiden, die eingeklemmt im Mauerloch standen, um. »Der Gast hat den Vortritt«, entschied sie.

»Nein, ich!«, knurrte der Windsbräutigam. »Ich bin hier Herr im Haus.«

Da machte die Maus ein pfiffiges Gesicht. »Hört zu, ihr beiden«, sagte sie. »Ich lebe hier sehr einsam. Dabei bin ich schrecklich neugierig und möchte so gern etwas von der Welt erfahren. Ich schlage vor, ihr zieht jetzt beide los, jeder in eine andere Richtung. Nach zwei Stunden kommt ihr wieder, und jeder erzählt, was er erlebt hat. Wer das Lustigere erzählt, der darf zuerst meine Entdeckung sehen!«

Die beiden waren einverstanden und machten sich auf den Weg.

Nach zwei Stunden kamen sie zurück.

»Toll, was ich erlebt habe!«, rief Daradiridatumtarides. »Ich habe einen Baum gepackt, so einen richtigen großen Eichbaum, an dem habe ich gezogen und gezerrt, ich kann euch sagen, ums Haar hätte ich ihn noch ganz ausgerissen. Und dann habe ich mir einen Kirchturm vorgenommen – es hätte nicht viel gefehlt, dann hätte ich ihn hundert Kilometer weit fortgetragen.«

»Und du? Hast du auch fast Eichbäume ausgerissen und beinahe Kirchtürme fortgeschleppt?«, fragte die Maus.

»Nein«, sagte Edeltraut. »Ich habe bloß einen Hut hundert Meter weit fortgetragen.«

»Einen Hut hundert Meter weit fortgetragen? Das ist überhaupt nichts«, erklärte Daradiridatumtarides. »Ich habe gesiegt.«

»Ja, und mit einem Bürgermeister habe ich Fangen gespielt«, fuhr Edeltraut fort.

»Was hast du?«, rief die Maus aufgeregt.

»Gibt's nicht«, erklärte der Windsbräutigam. »Mit einem Bürgermeister Fangen spielen, das gibt's nicht!«

»Erzähl, erzähl!«, rief die Maus.

»Das war so«, begann Edeltraut. »Drüben in der großen Stadt sollte eine neue Brücke eingeweiht werden. Vor die Brücke war ein Band gespannt. Dieses Band sollte der Bürgermeister mit der Schere durchschneiden und dann sollte die Brücke für den Verkehr freigegeben sein. Außer dem Bürgermeister und den zwanzig Stadträten, die in schwarzen Anzügen und mit schwarzen Hüten dastanden, hatten sich tausend Zuschauer eingefunden. Eine Musikkapelle spielte und dann hielt der Bürgermeister eine feierliche Rede. Da

lief ich leise hinzu, nahm ihm geschwind den Hut vom Kopf und trug ihn drei Meter weiter, bis dicht vor das Band.«

»Drei Meter weiter«, höhnte Daradiridatumtarides. »Ich hätte ihn mindestens drei Kilometer weit getragen.«

»Ja, du!«, sagte Edeltraut. »Der Bürgermeister wollte schnell seinen Hut wiederholen; aber als er ihn schon fast mit der Hand berührte, riss ich den Hut schnell vor ihm in die Höhe, über das Band hinweg. Der Bürgermeister tat unwillkürlich einen raschen Schritt, und da hatte er schon das Band statt mit der Schere mit seinem dicken Bauch durchschnitten. Immer wieder griff der Bürgermeister nach seinem Hut, immer wieder zog ich den Hut im letzten Augenblick ein Stück weiter. So spielten wir Fangen über die ganze Brücke, ich und der Bürgermeister. Am anderen Ende der Brücke nahm ich den Hut und hängte ihn auf eine hohe Weide, die in der Nähe stand. Dann kehrte ich um, stahl allen Stadträten geschwind ebenfalls die Hüte und hängte auch diese auf die Weide. Die zwanzig Stadträte, die tausend Zuschauer, alle liefen über die Brücke und alle schauten zu der Weide mit den einunzwanzig schwarzen Hüten hinauf. Zuerst machten der Bürgermeister und die Stadträte saure Gesichter, aber dann lachten auch sie, wie die tausend anderen. Und dann erscholl ein tausendstimmiges Bravo, als der Bürgermeister verkündete, dass die Brücke für alle Zeit ›Hutweidenbrücke‹ heißen solle.«

»Du hast zehn zu null gewonnen!«, rief die Maus. »Das ist die lustigste Geschichte, die ich in meinem Leben gehört habe. Und nun komm mit!«

Die Windsbraut Edeltraut folgte der Maus durch das Mauerloch. Was glaubt ihr, was die Maus Gruseliges dahinter entdeckt hatte? Eine Mausefalle aus der Raubritterzeit.

Das Glück ist ein Vogerl

von Christine Nöstlinger

Meine Großmutter sang jeden Tag ein Lied vom Glück. Vom Glück, das ein Vogerl ist. Der Refrain des Liedes ging so: »Das Glück ist ein Vogerl, gar lieb, aber scheu, es lässt sich schwer fangen, doch fortg'flogen ist's gleich.« Und weil meine Großmutter immer, wenn sie das Lied sang, zum Käfig mit dem blauen Wellensittich hinschaute, war mir klar, dass der Wellensittich das Glück ist!

Nun war aber meine Großmutter eine recht unglückliche Frau. Wie ein Schwein litt sie am Leben. Über nichts konnte sie sich freuen, an allem hatte sie etwas auszusetzen, nie ging es ihr richtig gut. Warum das so war, war mir auch klar. Das ging ja eindeutig aus dem Refrain vom Glückslied hervor. Gar lieb, aber scheu war das Vogerl! Und es wollte sich nicht einfangen lassen! Herumfliegen wollte es! Frei wollte es sein! War also kein Wunder, dass es die

Großmutter nicht glücklich machte, wo die es doch eingefangen und eingesperrt hatte!

Aber so war die Großmutter eben. Immer wollte sie alle zu etwas zwingen. Nie konnte sie jemandem den eigenen Willen lassen. Dem Großvater nicht. Mir nicht. Dem Glück auch nicht. Und darum fand ich es nur gerecht, dass das Glück im Käfig nicht bereit war, für die Großmutter etwas zu tun.

Aber einmal, an einem Sonntag, war die Großmutter richtig lieb zu mir. Und zum Großvater auch. Wie immer am Sonntag gingen wir auf den Friedhof. Auf dem Hinweg kaufte sie mir ein Eis, auf dem Rückweg einen roten Luftballon. Kein bisschen schimpfte sie mit mir. Nicht einmal, als mir die Eiskugel vom Stanizl aufs Sonntagskleid plumpste. Und dem Großvater erlaubte sie, nach dem Grabblumengießen ins Kaffeehaus zum Kartenspielen zu gehen. Da dachte ich mir, dass die Großmutter eine Belohnung verdient habe.

Als wir wieder daheim waren, ging ich zum Vogelkäfig, machte die kleine Gittertür auf, holte das Glück heraus und setzte es auf das Küchenfensterbrett. Zuerst blieb das Glück ganz verdutzt sitzen. Erst als ich ihm einen sanften Schubs gab, begriff es, dass es nun endlich wieder frei war, und flatterte los, durch den Hinterhof, dem

Kastanienbaum zu. Zwischen den dunkelgrünen Kastanienblättern sah ich dann noch – einmal da, einmal dort – seine blauen Federn durchblitzen, dann war es ganz verschwunden, und ich war mir ganz sicher: Jetzt ist das Glück auf die Großmutter nimmer böse!

Die Großmutter hat fürchterlich geweint, als sie den leeren Vogelkäfig gesehen hat, und auf mich war sie so böse wie noch nie vorher. Wochenlang hat sie kein Wort mehr mit mir geredet, und habe ich etwas zu ihr sagen wollen, hat sie mich angekeift: »Halt den Mund, kein Wort will ich von dir hören!«

Und darum habe ich ihr auch nicht sagen können, dass die »vier Richtigen« im Lotto, die sie am Mittwoch nach dem Sonntag gehabt hat, nur mir zu verdanken waren.

Gute Nacht, Fränzchen!

von Ulrike Kuckero

Am Abend, nachdem der Vater eine kleine Gutenachtgeschichte vorgelesen hatte, machte Greta sich bereit, all ihren Tieren im Bett Gute Nacht zu sagen.

Der Vater klappte das Buch zu und wollte sich schon einmal zur Tür schleichen. Denn Gretas Bett war voll mit Kuscheltieren: um das Kopfkissen herum, an der Wand entlang, und am Fußende lagen auch noch welche. Das Gutenachtsagen bei Gretas Tieren dauerte mindestens ebenso lange wie das Gutenachtgeschichten-Vorlesen, und Gretas Vater wollte auf keinen Fall die Nachrichten verpassen.

»Halt!«, rief Greta gebieterisch, denn sie hatte genau gesehen, dass ihr Vater sich davonmachen wollte. »Du musst meinen Tieren noch Gute Nacht sagen, sonst kann ich nicht einschlafen.«

Gretas Vater, der schon bei der Mitte des Zimmers angekommen war, stand sofort stockstill. Das war eine schlimme Drohung. Eine Greta, die nicht einschlafen konnte, dauerte noch länger als eine Gutenachtgeschichte vorlesen und das Gutenachtsagen bei allen Tieren zusammen. Also kehrte Gretas Vater um und setzte sich wieder auf ihr Bett.

»Machen wir es heute mal schnell«, schlug er vor. »Gute Nacht, alle zusammen!« Damit drückte er einen Kuss auf Gretas Haare und winkte den Kuscheltieren kurz zu.

»Halt!«, rief Greta wieder. »Du weißt genau, das mögen meine Tiere nicht, und dann kann ich nicht einschlafen!«

Gretas Vater zuckte zusammen. Er wollte sich lieber gar nicht erst vorstellen, wie eine Greta, die nicht einschlafen konnte, ins Wohnzimmer kam und das mitten in den Nachrichten. Also streckte er den Arm aus, genauso wie Greta es haben wollte, und streichelte als Erstes den großen Löwen, der neben Gretas Kopfkissen lag.

»Gute Nacht, Löwe«, murmelte er.

Dann war der Panther dran.

»Gute Nacht, Panther«, murmelte er.

Dann kam das Kamel an die Reihe.

»Gute Nacht, Kamel«, murmelte er und schaute verstohlen auf seine Uhr.

»Das ist kein Kamel«, verbesserte Greta ihren Vater. »Das ist ein Dromedar. Es ist beleidigt, wenn du Kamel zu ihm sagst. Siehst du nicht, dass es nur einen Höcker hat? Kamele haben zwei!«

»Oh, Verzeihung«, sagte Gretas Vater schnell. »Gute Nacht, Dromedar.«

Und so ging es weiter, die ganze Reihe entlang: erst die Tiere, die am Kopfkissen lagen, dann die Tiere, die an der Wand lagen, und als Gretas Vater bei den Tieren ankam, die unten am Fußende lagen, hatte er schon einen ganz müden Arm.

»Gute Nacht, Krokodil«, sagte der Vater und atmete auf. Das Krokodil war das letzte Kuscheltier. Nun endlich durfte er zu seinen Nachrichten gehen und Greta konnte einschlafen.

Der Vater erhob sich, drückte noch einen Kuss auf Gretas Haar und ging zur Tür. »Schlaf schön bis morgen spät!«, sagte er und hoffte, dass Greta ihn am nächsten Morgen nicht wieder um sechs Uhr in der Früh aus dem Schlaf zerren würde.

»Halt!«, schrie Greta plötzlich und ihre Stimme war schrill vor Schreck.

Gretas Vater stöhnte auf. »Was ist denn nun noch?«, fragte er und hatte nicht übel Lust, gleich sofort zu seinen Nachrichten zu gehen.

»Fränzchen ist weg!«, kreischte Greta.

»Fränzchen? Wer ist das?«, fragte Gretas Vater. Er kannte nur Löwe, Panther, Dromedar und all die anderen Tiere, die genau so hießen, wie sie waren. Was also war ein Fränzchen?

»Fränzchen?«, wimmerte Greta, »Fränzchen ist Fränzchen! Weißt du nicht, wer Fränzchen ist?«

Gretas Vater bekam ein schlechtes Gewissen. Hatte er vergessen, wer Fränzchen war? Wie konnte er nur! Er versuchte sich zu erinnern, wo Fränzchen gestern Abend gesessen hatte. Doch ihm fiel kein Fränzchen ein.

»Meinst du vielleicht das kleine Äffchen?«, schlug er hoffnungsvoll vor und nahm den kleinen Affen hoch. »Der ist doch hier, neben dem Reh.«

»Nein, das ist doch Affe!«, sagte Greta böse. »Fränzchen ist doch kein Affe.«

Gretas Vater nickte. So war das. Fränzchen war kein Affe. Aber was war Fränzchen dann?

Unauffällig schaute er auf seine Uhr und entdeckte, dass seine Nachrichten schon halb vorbei waren.

Greta hingegen war aus dem Bett gesprungen und jammerte in einem fort: »Fränzchen ist weg! Ohne Fränzchen kann ich nicht einschlafen!«

Gretas Vater dachte angestrengt nach. Eine Greta, die nicht einschlafen konnte, wollte er lieber nicht. Schließlich hatte er eine gute Idee.

»Ich hole jetzt Mama«, sagte er und ging schnell auf den Flur. »Die findet immer alles.«

Als Antwort heulte Greta nur auf und kroch in den Schrank. Doch als der Schrank ausgeräumt war, wurde Greta klar, dass Fränzchen nicht im Schrank war. Also beschloss sie, die Kommodenschubfächer zu durchsuchen.

Als Gretas Mutter ins Kinderzimer kam, fand sie ein ungeheures Durcheinander vor. Die Schubladen waren leer, alle Sachen lagen auf dem Teppich und mittendrin saß Greta und weinte.

»Fränzchen, mein Fränzchen!«, heulte sie.

Die Mutter nahm Greta auf den Arm. »Ab ins Bett mir dir!«, schimpfte sie liebevoll und stopfte die Decke um Greta. »Und jetzt sag mir, was das ist: dein Fränzchen.«

Greta schluchzte noch einmal laut und wischte sich die Tränen ab. »Mein Fränzchen ist doch mein Fränzchen. Das weißt du doch! Es lag gestern hier unter meinem Kopfkissen.«

»Unter deinem Kopfkissen?«, staunte Gretas Mutter. »Ist Fränzchen denn kein Kuscheltier?«

»Wie kann Fränzchen denn ein Kuscheltier sein, wenn es doch ein Fränzchen ist?«, klagte Greta.

Gretas Mutter nickte. Das war klar. Ein Fränzchen war ein Fränzchen. Doch wie konnte man ein Fränzchen suchen, wenn man nicht wusste, wie ein Fränzchen aussah? Die Mutter versuchte es noch einmal: »Wie sieht dein Fränzchen denn aus?«

»Wie mein Fränzchen aussieht?«, heulte Greta empört und die Tränen spritzten aus ihren Augen.

»Du lieber Himmel, beruhige dich doch«, sagte Gretas Mutter jetzt streng. »Wenn du nicht sagen kannst, wie dein Fränzchen aussieht, dann kann ich es nicht suchen.«

Das verstand Greta sofort. Sie hörte auf zu heulen und dachte nach. Wie konnte man erklären, wie ein Fränzchen aussah?

Während Greta nachdachte, schaute der Vater durch den Türspalt und wollte schon schnell wieder zurück ins Wohnzimmer gehen, da rief die Mutter: »Bitte komm doch noch einmal und hilf mir suchen!«

Zögernd kam Gretas Vater wieder ins Kinderzimmer getappt. Seine Nachrichten waren zwar längst vorbei, doch er konnte sich viele schöne Dinge vorstellen, die rein gar nichts mit Suchen zu tun hatten.

Plötzlich hellte sich Gretas Gesicht auf. »Fränzchen ist ein Tuch«, sagte sie.

»Ein Tuch?«, fragte die Mutter erstaunt. »Warum heißt es dann nicht Tuch, wenn es nur ein Tuch ist?«

»Es ist nicht nur ein Tuch!«, rief Greta grimmig. »Es ist aus Tuch.«

»Du meinst«, sagte der Vater vorsichtig, »dein Fränzchen ist ein Stück Stoff?«

Greta schwieg. Dann zeigte sie mit den Fingern: »Es ist so groß. Und so breit. Und einen Kopf hat es und zwei Arme. Wir haben es im Kindergarten gemacht.«

Gretas Eltern sahen sich an. Sie hatten Fränzchen noch nie gesehen, aber jetzt konnten sie sich etwas vorstellen: eine kleine Stoffpuppe. Und nun ging das Suchen los. Der Vater nahm sich den Schrank noch einmal vor. Die Mutter untersuchte die Kommode noch einmal. Greta saß auf ihrem Bett und schaute zu.

Nach einer Weile nahm der Vater sich das Regal mit den Spielzeugkisten vor. Bald half ihm die Mutter dabei, alle Kisten auszuleeren und die Sachen im Zimmer zu verstreuen.

Greta fand das herrlich!

Sie sprang vom Bett und begann tolle Sachen aus Legosteinen, Bauklötzen und Puppenstubenmöbeln zu bauen. Als sie fertig gespielt hatte und sah, dass Mutter und Vater immer noch nicht fertig gesucht hatten, da schaute Greta sich in ihrem Kinderzimmer um und dachte nach. Plötzlich schrie sie: »Ich weiß, wo Fränzchen ist!«

Der Vater und die Mutter ließen die Kisten und Kästen fallen und starrten ihre Tochter an.

Greta hüpfte zur Puppenstube und schaute in das Schlafzimmer. Dort, in dem kleinen blauen Puppenbett unter der rot karierten Bettdecke, schaute ein kleiner weißer Zipfel hervor.

Gretas Vater und Mutter stürzten herbei und wollten das Puppenbettchen aus dem Schlafzimmer reißen und die Bettdecke fortziehen, um endlich das Fränzchen zu sehen. Doch Greta legte den Finger auf den Mund und machte: »Schschsch! Fränzchen schläft!«

»Dem Himmel sei Dank!«, stöhnte Gretas Vater. »Dann kannst du jetzt ja auch endlich schlafen.«

Auch die Mutter nickte erschöpft und besah sich das unordentliche Kinderzimmer.

»Warum heißt es denn eigentlich Fränzchen?«, fragte sie müde.

»Weil mir die Franzi dabei geholfen hat«, erklärte Greta, nahm das Puppenbett vorsichtig aus der Puppenstube und trug es zu ihrem Bett. Dort stellte sie das Bettchen neben ihr Kopfkissen, legte sich hin und deckte mit einem Finger die kleine rot karierte Bettdecke auf. Da lag eine kleine Zipfelpuppe mit aufgemaltem Gesicht und zusammengebundenen Armen und Beinen in dem Bettchen.

»Das ist also Fränzchen«, sagten die Eltern erleichtert und gaben ihrer Tochter einen letzten Kuss.

Zufrieden rollte Greta sich in ihre Decke, gähnte und murmelte: »Gute Nacht, Fränzchen! Gute Nacht!«

Schon schlief sie tief und fest. Und das Fränzchen natürlich auch.

Das Märchen vom Zauberspiegel

von Michael Ende

Es war einmal eine schöne Prinzessin mit Namen Momo, die ging in Samt und Seide und wohnte hoch über der Welt auf einem schneebedeckten Berggipfel in einem Schloss aus buntem Glas.

Sie hatte alles, was man sich nur wünschen kann, sie aß nur die feinsten Speisen und trank nur den süßesten Wein. Sie schlief auf seidenen Kissen und saß auf Stühlen aus Elfenbein. Sie hatte alles – aber sie war ganz allein.

Alles um sie herum, ihre Dienerschaft, ihre Kammerfrauen, ihre Hunde und Katzen und Vögel und sogar ihre Blumen, alles das waren nur Spiegelbilder.

Prinzessin Momo hatte nämlich einen Zauberspiegel, der war groß und rund und aus feinstem Silber. Den schickte sie jeden Tag und jede Nacht in die Welt hinaus. Und der große Spiegel schwebte dahin über Länder und Meere, über Städte und Felder. Die Leute, die ihn sahen, wunderten sich kein bisschen darüber, sie sagten einfach: »Das ist der Mond.«

Und jedes Mal, wenn der Zauberspiegel zurückkam, dann schüttete er vor der Prinzessin alle Spiegelbilder aus, die er auf seiner Reise aufgefangen hatte. Es waren schöne und hässliche, interessante und langweilige, wie es eben gerade kam. Die Prinzessin suchte sich diejenigen aus, die ihr gefielen, und die anderen warf sie einfach in einen Bach. Und viel schneller, als du denken kannst, huschten die freigelassenen Spiegelbilder zurück durch die Gewässer der Erde zu ihren Eigentümern. Daher kommt es, dass einem das eigene Spiegelbild entgegenblickt, sooft man sich über einen Brunnen oder eine Pfütze beugt.

Nun habe ich noch vergessen zu sagen, dass Prinzessin Momo unsterblich war. Sie hatte nämlich noch nie sich selbst in dem Zauberspiegel gesehen. Denn wer sein eigenes Spiegelbild darin erblickte, der wurde davon sterblich. Das wusste Prinzessin Momo sehr wohl und deshalb tat sie es nicht.

So lebte sie also mit all ihren vielen Spiegelbildern, spielte mit ihnen und war so weit ganz zufrieden.

Eines Tages geschah es jedoch, dass der Zauberspiegel ihr ein Bild mitbrachte, das ihr mehr bedeutete als alle anderen. Es war das Spiegelbild eines jungen Prinzen. Als sie es erblickt hatte, bekam sie

so große Sehnsucht nach ihm, dass sie unbedingt zu ihm wollte. Aber wie sollte sie das anfangen? Sie wusste ja weder, wo er wohnte noch wer er war, und sie kannte noch nicht einmal seinen Namen.

Da sie sich keinen anderen Rat wusste, beschloss sie, nun doch in den Zauberspiegel zu blicken. Denn sie dachte: Vielleicht kann der Spiegel mein Bild zu dem Prinzen bringen. Vielleicht blickt der gerade zufällig in die Höhe, wenn der Spiegel am Himmel dahinschwebt, und dann sieht er mein Bild. Vielleicht folgt er dem Spiegel auf seinem Weg und findet mich hier.

Nun schaute sie also lange in den Zauberspiegel und schickte ihn mit ihrem Bild über die Welt. Aber dadurch war sie nun natürlich sterblich geworden.

Du wirst gleich hören, wie es ihr weiter erging, jetzt muss ich dir aber zuerst von dem Prinzen erzählen.

Dieser Prinz hieß Girolamo und herrschte über ein großes Reich, das er sich selbst erschaffen hatte. Und wo war dieses Reich? Es war nicht im Gestern und es war nicht im Heute, sondern es lag immer einen Tag in der Zukunft. Und darum hieß es das Morgen-Land. Und alle Leute, die dort wohnten, liebten und bewunderten den Prinzen. Eines Tages nun sagten die Minister zu dem Prinzen des Morgen-Landes: »Majestät, Ihr müsst heiraten, denn das gehört sich so.«

Prinz Girolamo hatte nichts dagegen einzuwenden und so wurden die schönsten jungen Damen des Morgen-Landes in den Palast gebracht, damit er sich eine aussuchen konnte. Sie alle hatten sich so schön gemacht, wie sie nur konnten, denn jede wollte ihn natürlich haben. Unter den Mädchen hatte sich aber auch eine böse Fee in den Palast geschlichen, die hatte kein rotes, warmes Blut in den Adern, sondern grünes und kaltes. Das sah man ihr freilich nicht an, denn sie hatte sich außerordentlich kunstvoll geschminkt.

Als nun der Prinz des Morgen-Landes in den großen goldenen Thronsaal trat, um seine Wahl zu treffen, da flüsterte sie rasch einen Zauberspruch und nun sah der arme Girolamo nur noch sie und sonst keine.

Und sie kam ihm so wunderschön vor, dass er sie auf der Stelle fragte, ob sie seine Frau werden wolle.

»Gern«, zischelte die böse Fee, »aber ich habe eine Bedingung.«

»Ich werde sie erfüllen«, versetzte Prinz Girolamo unbedacht.

»Gut«, antwortete die böse Fee und lächelte so süß, dass dem unglückseligen Prinzen ganz schwindelig wurde, »du darfst ein Jahr lang nicht zu dem schwebenden Silberspiegel hinaufschauen. Tust du es aber doch, so musst du auf der Stelle alles vergessen, was dein ist. Du musst vergessen, wer du in Wirklichkeit bist, und du musst ins Heute-Land, wo niemand dich kennt, und dort musst du als ein armer unbekannter Schlucker leben. Bist du damit einverstanden?«

»Wenn es nur das ist!«, rief Prinz Girolamo. »Die Bedingung ist leicht!«

Was war nun inzwischen mit Prinzessin Momo geschehen?

Sie hatte gewartet und gewartet, aber der Prinz war nicht gekommen. Da beschloss sie, selbst in die Welt hinauszugehen und ihn zu suchen. Sie gab allen Spiegelbildern, die um sie waren, ihre Freiheit wieder. Dann ging sie ganz allein auf ihren zarten Pantöffelchen aus ihrem Schloss aus buntem Glas durch die schneebedeckten Berge in die Welt hinunter. Sie lief durch aller Herren Länder, bis sie in das Heute-Land kam. Da waren ihre Pantöffelchen durchgelaufen und sie musste barfuß gehen. Aber der Zauberspiegel mit ihrem Bild darin schwebte weiter hoch über der Welt dahin.

Eines Nachts saß Prinz Girolamo auf dem Dach seines goldenen Palastes und spielte Dame mit der Fee, die grünes, kaltes Blut hatte. Da fiel plötzlich ein winziges Tröpfchen auf des Prinzen Hand.

»Es beginnt zu regnen«, sagte die Fee mit dem grünen Blut.

»Nein«, antwortete der Prinz, »das kann nicht sein, denn es ist keine Wolke am Himmel.«

Und er blickte hinauf und schaute mitten in den großen, silbernen Zauberspiegel, der dort oben schwebte. Da sah er das Bild der Prinzessin Momo und bemerkte, dass sie weinte und dass eine ihrer Tränen auf seine Hand gefallen war. Und im gleichen Augenblick erkannte er, dass die Fee ihn getäuscht hatte, dass sie nicht wirklich schön war und nur grünes, kaltes Blut in ihren Adern hatte. Prinzessin Momo war es, die er in Wirklichkeit liebte.

»Nun hast du dein Versprechen gebrochen«, sagte die grüne Fee und ihr Gesicht verzerrte sich, dass es dem einer Schlange glich, »und nun musst du mir bezahlen!«

Mit ihren grünen langen Fingern griff sie Prinz Girolamo, der wie erstarrt sitzen bleiben musste, in die Brust und machte einen Knoten in sein Herz. Und im gleichen Augenblick vergaß er, dass er der Prinz des Morgen-Landes war. Er ging aus seinem Schloss und seinem Reich wie ein Dieb in der Nacht. Und er wanderte weit über die Welt, bis er ins Heute-Land kam, dort lebte er fortan als ein armer, unbekannter Taugenichts und nannte sich nur noch Gigi. Das Einzige, was er mitgenommen hatte, war das Bild aus dem Zauberspiegel. Der war von da an leer.

Inzwischen waren auch Prinzessin Momos Kleider aus Samt und Seide ganz zerrissen. Sie trug jetzt eine alte, viel zu große Männerjacke und einen Rock aus bunten Flicken. Und sie wohnte in einer alten Ruine. Hier begegneten sich die beiden eines schönen Tages. Aber Prinzessin Momo erkannte den Prinzen aus dem Morgen-Land nicht, denn er war ja nun ein armer Schlucker. Und auch Gigi erkannte die Prinzessin nicht, denn wie eine Prinzessin sah sie eigentlich nicht mehr aus. Aber in ihrem gemeinsamen Unglück freundeten sich die beiden miteinander an und trösteten sich gegenseitig.

Eines Abends, als wieder der silberne Zauberspiegel, der nun leer war, am Himmel dahinschwebte, holte Gigi das Spiegelbild hervor und zeigte es Momo. Es war schon sehr zerknittert und verwischt, aber die Prinzessin erkannte doch sofort, dass es ihr eigenes Bild war, das sie damals ausgeschickt hatte. Und nun erkannte sie auch unter der Maske des armen Schluckers Gigi den Prinzen Girolamo, den sie immer gesucht hatte und für den sie sterblich geworden war. Und sie erzählte ihm alles.

Aber Gigi schüttelte traurig den Kopf und sagte: »Ich kann nichts von dem verstehen, was du sagst, denn in meinem Herzen ist ein Knoten und deshalb kann ich mich an nichts erinnern.«

Da griff Prinzessin Momo in seine Brust und löste ganz leicht den Knoten seines Herzens auf. Und nun wusste Prinz Girolamo plötzlich wieder, wer er war und wo er hingehörte. Er nahm die Prinzessin bei der Hand und ging mit ihr weit fort – in die Ferne, wo das Morgen-Land liegt.

QuellenVerzeichnis

Boie, Kirsten: Nee! sagte die Fee © Verlag Friedrich Oetinger GmbH, Hamburg 2000

Brinx/Kömmerling: Lilli in der Wanne © by Thomas Brinx und Anja Kömmerling

Bröger, Achim: Jenny © by Achim Bröger

Bröger, Achim: Miststück mit Glitzerzahn © by Achim Bröger

Dietz, Gabriele: Der Gutsherr will heiraten. Aus: Gabriele Dietz: Ein Töpfchen Grips. Märchen von schlauen Mädchen © 2002 by Elefanten Press Verlag, München, in der Verlagsgruppe Random House GmbH

Dietz, Gabriele: Prinzessin Frosch. Aus: Gabriele Dietz: Prinzessin Frosch. Märchen von mutigen Mädchen © 2001 by Elefanten Press Verlag, München, in der Verlagsgruppe Random House GmbH

Ende, Michael: Das Märchen vom Zauberspiegel. Aus: Momo © 1973 by Thienemann Verlag

Endres, Brigitte: Penny und der Riese Pallawatsch © 2010 by Planet Girl

Fuchs, Thomas: Mina und das Einrad © 2010 by Planet Girl

Funke, Cornelia: Der geheimnisvolle Ritter Namenlos. Aus: Cornelia Funke: Leselöwen-Rittergeschichten © 1994 Loewe Verlag GmbH, Bindlach

Funke, Cornelia: Käpten Knitterbart und seine Bande © Verlag Friedrich Oetinger GmbH, Hamburg 2003

Glitz, Angelika: Keine Zeit für Paula © by Angelika Glitz

Guggenmos, Josef: Edeltraut spielt mit einem Bürgermeister Fangen © by Josef Guggenmos Erben

Heuck, Sigrid: Die Prinzessin vom gläsernen Turm © by Sigrid Heuck

Kuckero, Ulrike: Gute Nacht, Fränzchen! © by Ulrike Kuckero

Kuckero, Ulrike: Wie der Wolf die Wurst frisst © 2010 by Planet Girl

Mueller, Dagmar H.: Mathilde und die Geisterfrau. Überarbeitete Fassung © by Dagmar H. Mueller

Nöstlinger, Christine: Das Glück ist ein Vogerl. Aus: Hans-Joachim Gelberg (Hrsg.): 9. Jahrbuch der Kinderliteratur. Was für ein Glück. Weinheim und Basel: Beltz & Gelberg, 1993

Pestum, Jo: Pias Geheimnis © by Jo Pestum

Preußler, Otfried: Die kleine Hexe will eine gute Hexe werden. Aus: Die kleine Hexe © 1957 by Thienemann Verlag

Randerath, Jeanette: Carlotta und die Zauberschuhe © by Jeanette Randerath

Reifenberg, Frank Maria: Mirinda Miranda Mökk © by Frank Maria Reifenberg

Schami, Rafik: Fatima und der Traumdieb. Aus: »Fatima und der Traumdieb« von Rafik Schami, illustriert von Els Cools und Oliver Streich @ 1996 NordSüd Verlag AG, CH-8005 Zürich/Schweiz

Schreiber-Wicke, Edith: Immer diese Monster. Überarbeitete Fassung © 2009 by Thienemann Verlag

Zeevaert, Sigrid: Nachmittagsfreunde © by Sigrid Zeevaert